Sabores de la India

Un Viaje Culinario Exquisito

Rajesh Kumar

Indice

- Pav Bhaji 17
  - ingredientes 17
  - Método 18
- chuleta de soja 19
  - ingredientes 19
  - Método 19
- bhel de maíz 21
  - ingredientes 21
  - Método 21
- metigota 22
  - ingredientes 22
  - Método 23
- Idli 24
  - ingredientes 24
  - Método 24
- Idli plus 25
  - ingredientes 25
  - Método 26
- Sándwich de masala 27
  - ingredientes 27
  - Método 28
- kebab de menta 29
  - ingredientes 29

Método 29
Sevia vegetal upma 30
    ingredientes 30
    Método 31
Lindo 32
    ingredientes 32
    Método 32
Sabudana Khichdi 33
    ingredientes 33
    Método 34
Dhokla sencillo 35
    ingredientes 35
    Método 36
Patata Jaldi 37
    ingredientes 37
    Método 37
Naranja Dhokla 38
    ingredientes 38
    Método 39
Pollo Asado Indio 40
    ingredientes 40
    Método 41
jarabe picante 42
    ingredientes 42
    Método 42
Pollo Al Curry Con Coco Seco 43
    ingredientes 43

Método 44
pollo sencillo 45
   ingredientes 45
   Método 46
Pollo al curry sureño 47
   ingredientes 47
   Para las hierbas: 48
   Método 48
Estofado de pollo con leche de coco 50
   ingredientes 50
   Método 51
Chandy Tikka 52
   ingredientes 52
   Método 53
tandoori de pollo 54
   ingredientes 54
   Método 55
Murgh Lajawab 56
   ingredientes 56
   Método 57
Pollo Lahori 58
   ingredientes 58
   Método 59
Higado de pollo 60
   ingredientes 60
   Método 60
pollo balinés 61

- ingredientes 61
- Método 62
- Pollo picante 63
  - ingredientes 63
  - Método 64
- Pollo Dilruba 65
  - ingredientes 65
  - Método 66
- Alas de pollo fritas 67
  - ingredientes 67
  - Método 67
- Murgh Mussalam 68
  - ingredientes 68
  - Método 69
- delicia de pollo 70
  - ingredientes 70
  - Método 71
- Salli Kip 72
  - ingredientes 72
  - Método 73
- tikka de pollo frito 74
  - ingredientes 74
  - Método 75
- pollo mirando 76
  - ingredientes 76
  - Método 76
- Nadan Kozhikari 77

ingredientes 77
Método 78
pollo de mamá 79
ingredientes 79
Método 80
Methi Kip 81
ingredientes 81
Método 82
Muslos De Pollo Picantes 83
ingredientes 83
Para la mezcla de especias: 83
Método 84
Pollo al curry de Dieter 85
ingredientes 85
Método 86
pollo celestial 87
ingredientes 87
Para la mezcla de especias: 87
Método 88
rizala de pollo 89
ingredientes 89
Método 90
sorpresa de pollo 91
ingredientes 91
Método 92
Pollo Con Queso 93
ingredientes 93

- Para la marinada: 93
- Método 94
- Korma de ternera 95
  - ingredientes 95
  - Para la mezcla de especias: 95
  - Método 96
- Desde Khema 97
  - ingredientes 97
  - Para la mezcla de especias: 98
  - Método 98
- curry de cerdo 100
  - ingredientes 100
  - Para la mezcla de especias: 100
  - Método 101
- Kebab Shikampoor 102
  - ingredientes 102
  - Método 103
- oveja especial 105
  - ingredientes 105
  - Para la mezcla de especias: 105
  - Método 106
- Chuletas de masala verdes 107
  - ingredientes 107
  - Para la mezcla de especias: 107
  - Método 108
- kebab en capas 109
  - ingredientes 109

Para la capa blanca: 109

Para la capa verde: 109

Para la capa naranja: 110

Para la capa de carne: 110

Método 110

Bárbara Campione 112

ingredientes 112

Método 113

pepinillo de cordero 114

ingredientes 114

Método 115

Curry de cordero de Goa 117

ingredientes 117

Para la mezcla de especias: 117

Método 118

carne de bagara 119

ingredientes 119

Para la mezcla de especias: 119

Método 120

Hígado en leche de coco 121

ingredientes 121

Para la mezcla de especias: 121

Método 122

Cordero masala con yogur 123

ingredientes 123

Para la mezcla de especias: 123

Método 124

Korma en Khada Masala 125
   ingredientes 125
   Método 126
Curry de cordero y riñón 127
   ingredientes 127
   Para la mezcla de especias: 128
   Método 128
Dios mío, Gulfam 130
   ingredientes 130
   Para la salsa: 130
   Método 131
Cordero Do Pyaaza 132
   ingredientes 132
   Método 133
Pescado frito rebozado 134
   ingredientes 134
   Método 135
El pescado hierve 136
   ingredientes 136
   Método 137
Curry de gambas y huevo 138
   ingredientes 138
   Método 139
mole de pescado 140
   ingredientes 140
   Método 140
bharta de gambas 142

ingredientes 142

Método 143

Pescado y verduras picantes 144

ingredientes 144

Método 145

chuleta de caballa 146

ingredientes 146

Método 147

cangrejo tandoori 148

ingredientes 148

Método 148

Pescado relleno 149

ingredientes 149

Método 150

Curry de gambas y coliflor 151

ingredientes 151

Para la mezcla de especias: 151

Método 152

Mejillones salteados en una sartén 153

ingredientes 153

Método 154

Gambas fritas rebozadas 155

ingredientes 155

Método 156

Caballa en salsa de tomate 157

ingredientes 157

Método 158

Konju Ullaruathu 159
   ingredientes 159
   Método 160
Curry Manga Chemeen 161
   ingredientes 161
   Método 162
Salteado De Machchi Simple 163
   ingredientes 163
   Método 163
macher kalia 164
   ingredientes 164
   Método 165
Pescado frito en huevo 166
   ingredientes 166
   Método 166
Lau Chingri 167
   ingredientes 167
   Método 168
Pescado Tomate 169
   ingredientes 169
   Método 170
Chingri Machher Kalia 171
   ingredientes 171
   Método 171
Kebab de pescado tikka 172
   ingredientes 172
   Método 172

Chuleta Chingri Machher 173
    ingredientes 173
    Método 174
Pescado cocinado 175
    ingredientes 175
    Método 175
Camarones Con Pimientos Verdes 176
    ingredientes 176
    Método 176
Machher Jhole 177
    ingredientes 177
    Método 178
macher paturi 179
    ingredientes 179
    Método 180
Chingri Machher Shorsher Jhole 181
    ingredientes 181
    Método 182
Curry de gambas y patatas 183
    ingredientes 183
    Método 184
mole de camaron 185
    ingredientes 185
    Método 186
koliwada de pescado 187
    ingredientes 187
    Método 188

Rollito de pescado y patatas ... 189
   ingredientes ... 189
   Método ... 190
masala de gambas ... 191
   ingredientes ... 191
   Método ... 192
pescado con ajo ... 193
   ingredientes ... 193
   Método ... 193
Arroz De Patata ... 194
   ingredientes ... 194
   Para los ñoquis: ... 194
   Método ... 195
Pula vegetal ... 196
   ingredientes ... 196
   Método ... 197
Kachche Gosht ki Biryani ... 198
   ingredientes ... 198
   Para la marinada: ... 198
   Método ... 199
Achari Gosht ki Biryani ... 200
   ingredientes ... 200
   Método ... 201
Yakhni Pulao ... 203
   ingredientes ... 203
   Método ... 204
Hyderabadi Biryani ... 206

ingredientes 206
Para la mezcla de especias: 206
Método 207
Biryani vegetal 208
ingredientes 208
Método 209
Repollo moti ki biryani 210
ingredientes 210
Método 211
Carne picada y Masoor Pulao 213
ingredientes 213
Método 214
Pollo biryani 215
ingredientes 215
Para la marinada: 215
Método 216

Pav Bhaji

(verduras picantes con pan)

Para 4 personas

ingredientes

2 patatas grandes, hervidas

200 g de verdura variada congelada (pimiento verde, zanahoria, coliflor y guisantes)

2 cucharadas de mantequilla

1½ cucharaditas de pasta de ajo

2 cebollas grandes, ralladas

4 tomates grandes, picados

250 ml/8 onzas líquidas de agua

2 cucharaditas de pav bhaji masala*

1½ cucharadita de chile en polvo

¼ de cucharadita de cúrcuma

Jugo de 1 limón

Sal al gusto

1 cucharada de hojas de cilantro, finamente picadas

Mantequilla para freír

4 panes para hamburguesa, cortados por la mitad

1 cebolla grande, finamente picada

Rodajas pequeñas de limón

Método

- Licúa bien las verduras. Poner a un lado.
- Calentar la mantequilla en una cacerola. Agregue la pasta de ajo y la cebolla y cocine hasta que las cebollas se doren. Agrega los tomates y cocina, revolviendo ocasionalmente, a fuego medio durante 10 minutos.
- Agrega el puré de verduras, el agua, el pav bhaji masala, el chile en polvo, la cúrcuma, el jugo de limón y la sal. Cocine a fuego lento hasta que la salsa esté espesa. Licue y cocine durante 3-4 minutos, revolviendo constantemente. Espolvorea con hojas de cilantro y mezcla bien. Poner a un lado.
- Calienta una sartén plana. Unta un poco de mantequilla y tuesta los panes de hamburguesa hasta que estén crujientes por ambos lados.
- Sirve la mezcla de verduras caliente con los sándwiches, con la cebolla y las rodajas de limón a un lado.

chuleta de soja

eso es 10

ingredientes

300 g/10 oz de dhal mungo*, remojado durante 4 horas

Sal al gusto

400 g/14 oz de gránulos de soja, remojados en agua tibia durante 15 minutos

1 cebolla grande, finamente picada

2-3 chiles verdes, finamente picados

1 cucharadita de amchoor*

1 cucharadita de garam masala

2 cucharadas de hojas de cilantro, finamente picadas

Empanizado 150g/5½oz*o tofu rallado

Aceite vegetal refinado para freír.

Método

- No escurras el dhal. Agrega sal y cocina en una cacerola a fuego medio durante 40 minutos. Poner a un lado.
- Escurrir los gránulos de soja. Mezclar con dhal y triturar hasta obtener una pasta espesa.
- Mezclar esta pasta en una sartén antiadherente con todos los demás ingredientes, excepto el aceite. Cocine a fuego lento hasta que se seque.

- Divida la mezcla en bolitas del tamaño de un limón y forme chuletas.
- Calentar el aceite en una cacerola. Freír las chuletas hasta que estén doradas.
- Servir caliente con chutney de menta.

bhel de maíz

(bocadillo de maíz picante)

Para 4 personas

ingredientes

200 g de granos de elote cocidos

100 g de cebolletas, finamente picadas

1 papa, hervida, pelada y picada

1 tomate, finamente picado

1 pepino, finamente picado

10 g de hojas de cilantro picadas

1 cucharadita de chaat masala*

2 cucharaditas de jugo de limón

1 cucharada de chutney de menta

Sal al gusto

Método

- En un bol, mezcle todos los ingredientes para combinar bien.
- Servir inmediatamente.

metigota

(bola de masa de fenogreco frita)

eso es 20

ingredientes

500 g/1 libra 2 oz de frijoles*

45 g de harina integral

125 g de yogur

4 cucharadas de aceite vegetal refinado más extra para freír

2 cucharaditas de bicarbonato de sodio

50 g de hojas frescas de fenogreco, finamente picadas

50 g de hojas de cilantro finamente picadas

1 plátano maduro, pelado y triturado

1 cucharada de semillas de cilantro

10-15 granos de pimienta negra

2 pimientos verdes

½ cucharadita de pasta de jengibre

½ cucharadita de garam masala

Una pizca de asafétida

1 cucharadita de chile en polvo

Sal al gusto

Método

- Mezclar la harina, la harina y el yogur.
- Agrega 2 cucharadas de aceite y el bicarbonato de sodio. Dejar fermentar durante 2-3 horas.
- Agregue todos los demás ingredientes, excepto el aceite. Mezclar bien hasta obtener una masa espesa.
- Calienta 2 cucharadas de aceite y agrégalas a la masa. Mezclar bien y dejar reposar durante 5 minutos.
- Calienta el aceite restante en una cacerola. Verter la masa en el aceite a cucharadas y sofreír hasta que estén doradas.
- Escurrir sobre papel absorbente. Servir caliente.

Idli

(pastel de arroz al vapor)

Para 4 personas

ingredientes

500 g/1 libra 2 oz de arroz, remojado durante la noche

300 g/10 oz de urad dhal*empapado durante la noche

1 cucharada de sal

Una pizca de bicarbonato de sodio

Aceite vegetal refinado para engrasar

Método

- Escurrir el arroz y el dhal y molerlos juntos.
- Agrega sal y refresco. Dejar reposar durante 8-9 horas para que fermente.
- Unte con mantequilla los moldes para cupcakes. Vierta la mezcla de arroz dhal hasta que cada uno esté medio lleno. Cocine al vapor durante 10-12 minutos.
- Adéntrate en los idlis. Servir caliente con chutney de coco.

Idli plus

(pastel de arroz al vapor con especias)

Para 6

ingredientes

500 g/1 libra 2 oz de arroz, remojado durante la noche

300 g/10 oz de urad dhal*empapado durante la noche

1 cucharada de sal

¼ de cucharadita de cúrcuma

1 cucharada de azúcar granulada

Sal al gusto

1 cucharada de aceite vegetal refinado

½ cucharadita de semillas de comino

½ cucharadita de semillas de mostaza

Método

- Escurrir el arroz y el dhal y molerlos juntos.
- Agrega sal y déjalo reposar durante 8-9 horas.
- Agrega la cúrcuma, el azúcar y la sal. Mezcle bien y deje reposar.
- Calentar el aceite en una cacerola. Agrega el comino y las semillas de mostaza. Déjalos escupir durante 15 segundos.
- Agrega la mezcla de arroz y dhal. Cubra con una tapa y cocine a fuego lento durante 10 minutos.
- Destapa y voltea la mezcla. Tapar nuevamente y cocinar a fuego lento durante 5 minutos.
- Pincha el idli con un tenedor. Si el tenedor sale limpio, el idli está listo.
- Cortar en trozos y servir caliente con chutney de coco.

Sándwich de masala

eso es 6

ingredientes

2 cucharaditas de aceite vegetal refinado

1 cebolla pequeña, finamente picada

¼ de cucharadita de cúrcuma

1 tomate grande, finamente picado

1 papa grande, hervida y triturada

1 cucharada de guisantes cocidos

1 cucharadita de chaat masala*

Sal al gusto

10 g de hojas de cilantro picadas

50 gramos de mantequilla

12 rebanadas de pan

Método

- Calentar el aceite en una cacerola. Agrega la cebolla y sofríe hasta que esté transparente.
- Agrega la cúrcuma y el tomate. Sofreír a fuego medio durante 2-3 minutos.
- Agrega las patatas, los guisantes, el chaat masala, la sal y las hojas de cilantro. Mezclar bien y cocinar por un minuto a fuego lento. Poner a un lado.
- Unte con mantequilla las rebanadas de pan. Coloque una capa de mezcla de verduras sobre seis rebanadas. Cubrir con las rebanadas restantes y asar durante 10 minutos. Voltee y ase por otros 5 minutos. Servir caliente.

kebab de menta

eso es 8

ingredientes

10 g de hojas de menta finamente picadas

500 g/1 lb 2 oz de queso de cabra, escurrido

2 cucharaditas de maicena

10 anacardos, picados en trozos grandes

½ cucharadita de pimienta negra molida

1 cucharadita de amchoor*

Sal al gusto

Aceite vegetal refinado para freír.

Método

- Mezclar todos los ingredientes, excepto el aceite. Amasar hasta obtener una masa suave pero compacta. Dividir en 8 bolitas del tamaño de un limón y aplanar.
- Calentar el aceite en una cacerola. Freír las brochetas a fuego medio hasta que estén doradas.
- Servir caliente con chutney de menta.

Sevia vegetal upma

(Snack de fideos de verduras)

Para 4 personas

ingredientes

5 cucharadas de aceite vegetal refinado

1 pimiento verde grande, finamente picado

¼ cucharadita de semillas de mostaza

2 chiles verdes, cortados a lo largo

200 g/7 oz de fideos

8 hojas de curry

Sal al gusto

Una pizca de asafétida

50 g de judías verdes, finamente picadas

1 zanahoria, finamente picada

50 g de guisantes congelados

1 cebolla grande, finamente picada

25 g/escaneo 1 oz de hojas de cilantro, finamente picadas

Jugo de 1 limón (opcional)

Método

- Calienta 2 cucharadas de aceite en una cacerola. Freír el pimiento verde durante 2-3 minutos. Poner a un lado.
- Calienta 2 cucharadas de aceite en otra sartén. Agrega las semillas de mostaza. Déjalos escupir durante 15 segundos.
- Agrega los chiles verdes y los fideos. Freír a fuego medio durante 1-2 minutos, revolviendo de vez en cuando. Agrega las hojas de curry, la sal y la asafétida.
- Rociamos con un poco de agua y añadimos el pimiento verde frito, las judías verdes, la zanahoria, los guisantes y la cebolla. Mezclar bien y cocinar a fuego medio durante 3-4 minutos.
- Cubra con una tapa y cocine por un minuto más.
- Espolvorea con hojas de cilantro y jugo de limón. Servir caliente con chutney de coco.

Lindo

(bocadillo de arroz inflado)

Sirve 4-6

ingredientes

2 patatas grandes, hervidas y cortadas en cubitos

2 cebollas grandes, finamente picadas

125 g de maní tostado

2 cucharadas de comino molido, tostado seco

Mezcla de Bhel de 300 g/10 oz

Chutney de mango picante y dulce 250g

Chutney de Menta 60g/2oz

Sal al gusto

25 g/escaneo 1 oz de hojas de cilantro, picadas

Método

- Mezclar las patatas, la cebolla, el maní y el comino molido con el Bhel Mix. Agregue ambos chutneys y sal. Revuelva para mezclar.
- Terminar con las hojas de cilantro. Servir inmediatamente.

Sabudana Khichdi

(Snack de sagú con patatas y maní)

Para 6

ingredientes

300 g/10 oz de sagú

250 ml/8 onzas líquidas de agua

250 g de maní, molido grueso

Sal al gusto

2 cucharaditas de azúcar granulada

25 g/escaneo 1 oz de hojas de cilantro, picadas

2 cucharadas de aceite vegetal refinado

1 cucharadita de semillas de comino

5-6 chiles verdes, finamente picados

100 g de patatas cocidas y cortadas en trozos

Método

- Remoja el sagú en agua durante la noche. Agrega el maní, la sal, el azúcar granulada y las hojas de cilantro y mezcla bien. Poner a un lado.
- Calentar el aceite en una cacerola. Agregue las semillas de comino y los chiles verdes. Freír durante unos 30 segundos.
- Agrega las patatas y cocina a fuego medio durante 1-2 minutos.
- Agrega la mezcla de sagú. Mezclar y mezclar bien.
- Cubra con una tapa y cocine a fuego lento durante 2-3 minutos. Servir caliente.

Dhokla sencillo

(Pastel sencillo al vapor)

eso es 25

ingredientes

250 g/9 oz de chana dhal*, remojado durante la noche y escurrido

2 pimientos verdes

1 cucharadita de pasta de jengibre

Una pizca de asafétida

½ cucharadita de bicarbonato de sodio

Sal al gusto

2 cucharadas de aceite vegetal refinado

½ cucharadita de semillas de mostaza

4-5 hojas de curry

4 cucharadas de coco fresco, rallado

10 g de hojas de cilantro picadas

Método

- Muele el dhal hasta obtener una pasta gruesa. Dejar fermentar durante 6-8 horas.
- Agrega los chiles verdes, la pasta de jengibre, la asafétida, el bicarbonato de sodio, la sal, 1 cucharada de aceite y un poco de agua. Mezclar bien.
- Unte con mantequilla un molde para bizcocho redondo de 20 cm y rellénelo con la mezcla.
- Cocine al vapor durante 10-12 minutos. Poner a un lado.
- Calienta el aceite restante en una cacerola. Agrega las semillas de mostaza y las hojas de curry. Déjalos escupir durante 15 segundos.
- Viértelo sobre los dhoklas. Adorne con hojas de coco y cilantro. Cortar en trozos y servir caliente.

Patata Jaldi

Para 4 personas

ingredientes

2 cucharaditas de aceite vegetal refinado

1 cucharadita de semillas de comino

1 chile verde, finamente picado

½ cucharadita de sal negra

1 cucharadita de amchoor*

1 cucharadita de cilantro molido

4 patatas grandes, hervidas y cortadas en cubitos

2 cucharadas de hojas de cilantro, finamente picadas

Método

- Calentar el aceite en una cacerola. Añade las semillas de comino y déjalas crujir durante 15 segundos.
- Agrega todos los demás ingredientes. Mezclar bien. Cocine a fuego lento durante 3-4 minutos. Servir caliente.

Naranja Dhokla

(pastel de naranja al vapor)

eso es 25

ingredientes

50 g de sémola

250 g/9 oz de judías verdes*

250 ml de crema agria

Sal al gusto

100 ml/3½ fl oz de agua

4 dientes de ajo

1 cm/(en raíz de jengibre)

3-4 chiles verdes

100 g de zanahorias ralladas

¾ cucharadita de bicarbonato de sodio

¼ de cucharadita de cúrcuma

Aceite vegetal refinado para engrasar

1 cucharadita de semillas de mostaza

10-12 hojas de curry

50g/1¾oz de coco rallado

25 g/escaneo 1 oz de hojas de cilantro, finamente picadas

Método

- Mezclar sémola, besan, crema agria, sal y agua. Dejar fermentar durante la noche.
- Picar el ajo, el jengibre y los chiles juntos.
- Agrega al puré fermentado junto con la zanahoria, el bicarbonato y la cúrcuma. Mezclar bien.
- Engrasa un molde para bizcocho redondo de 20 cm con un poco de aceite. Vierta la masa. Cocine al vapor durante unos 20 minutos. Dejar enfriar y cortar en trozos.
- Calienta un poco de aceite en una cacerola. Agrega las semillas de mostaza y las hojas de curry. Cocínelos durante 30 segundos. Viértalo sobre los trozos de dhokla.
- Adorne con hojas de coco y cilantro. Servir caliente.

Pollo Asado Indio

Para 4 personas

ingredientes

1 kilo de pollo

1 cucharada de jugo de limón

Sal al gusto

2 cebollas grandes

2,5 cm/1 pulgada de raíz de jengibre

4 dientes de ajo

3 dientes

3 vainas de cardamomo verde

5 cm/2 pulgadas de canela

4 cucharadas de aceite vegetal refinado

200 g/7 oz de pan rallado

2 manzanas, picadas

4 huevos duros, picados

Método

- Marina el pollo con jugo de limón y sal durante 1 hora.

- Muele la cebolla, el jengibre, el ajo, el clavo, el cardamomo y la canela con suficiente agua hasta formar una pasta suave.

- Calentar el aceite en una cacerola. Agrega la pasta y cocina a fuego lento durante 7 minutos. Agrega el pan rallado, las manzanas y la sal. Cocine durante 3-4 minutos.

- Rellena el pollo con esta mezcla y ásalo en el horno a 230°C (450°F, marca de gas 8) durante 40 minutos. Adorne con huevos. Servir caliente.

jarabe picante

Para 4 personas

ingredientes

3 cucharadas de aceite vegetal refinado

750 g/1 libra de salchichas de pollo de 10 oz, en rodajas

4 pimientos verdes, cortados en juliana

1 cucharadita de chile en polvo

2 cucharaditas de comino molido

10 dientes de ajo, finamente picados

3 tomates, cortados en cuartos

4 cucharadas de agua fría

½ cucharadita de pimienta recién molida

Sal al gusto

4 huevos, ligeramente batidos

Método

- Calentar el aceite en una cacerola. Agrega las salchichas y dora a fuego medio. Agrega todos los demás ingredientes, excepto los huevos. Mezclar bien. Cocine a fuego lento durante 8-10 minutos.

- Agrega con cuidado los huevos y mezcla hasta que estén cocidos. Servir caliente.

Pollo Al Curry Con Coco Seco

Para 4 personas

ingredientes

1 kg de pollo, cortado en 12 trozos

Sal al gusto

Jugo de medio limón

1 cebolla grande, picada

4 cucharadas de coco rallado

1 cucharadita de cúrcuma

8 dientes de ajo

2,5 cm/1 pulgada de raíz de jengibre

½ cucharadita de semillas de hinojo

1 cucharadita de garam masala

1 cucharadita de semillas de amapola

4 cucharadas de aceite vegetal refinado

500 ml/16 onzas líquidas de agua

Método

- Marina el pollo con sal y jugo de limón durante 30 minutos.

- Ase en seco la cebolla y el coco durante 5 minutos.

- Mezclar con todos los demás ingredientes excepto el aceite y el agua. Triturar con suficiente agua hasta obtener una pasta suave.

- Calentar el aceite en una cacerola. Agrega la pasta y cocina a fuego lento durante 7-8 minutos. Agrega el pollo y el agua. Cocine a fuego lento durante 40 minutos. Servir caliente.

pollo sencillo

Para 4 personas

ingredientes

1 kg de pollo, cortado en 8 trozos

Sal al gusto

1 cucharadita de chile en polvo

½ cucharadita de cúrcuma

3 cucharadas de aceite vegetal refinado

2 cebollas grandes, finamente picadas

1 cucharadita de pasta de jengibre

1 cucharadita de pasta de ajo

4-5 pimientos rojos enteros, sin semillas

4 tomates cherry, finamente picados

1 cucharada de garam masala

250 ml/8 onzas líquidas de agua

Método

- Marina el pollo durante 1 hora con sal, chile en polvo y cúrcuma.

- Calentar el aceite en una cacerola. Agrega las cebollas y saltea a fuego medio. Agrega la pasta de jengibre y la pasta de ajo. Freír por 1 minuto.

- Agrega el pollo marinado y otros ingredientes. Mezclar bien. Cubra con una tapa y cocine a fuego lento durante 40 minutos. Servir caliente.

Pollo al curry sureño

Para 4 personas

ingredientes

1 cucharadita de pasta de jengibre

1 cucharadita de pasta de ajo

2 chiles verdes, finamente picados

1 cucharadita de jugo de limón

Sal al gusto

1 kg de pollo, cortado en 10 trozos

3 cucharadas de aceite vegetal refinado

2,5 cm/1 pulgada de canela

3 vainas de cardamomo verde

3 dientes

1 anís estrellado

2 hojas de laurel

3 cebollas grandes, finamente picadas

½ cucharadita de chile en polvo

½ cucharadita de cúrcuma

1 cucharada de cilantro molido

250 ml de leche de coco

Para las hierbas:

½ cucharadita de semillas de mostaza

8 hojas de curry

3 pimientos rojos muy secos

Método

- Mezcle la pasta de jengibre, la pasta de ajo, los chiles verdes, el jugo de limón y la sal. Marina el pollo con esta mezcla durante 30 minutos.

- Calienta la mitad del aceite en una sartén. Agrega la canela, el cardamomo, el clavo, el anís estrellado y las hojas de laurel. Déjalos escupir durante 30 segundos.

- Agrega las cebollas y cocina a fuego medio hasta que estén doradas.

- Agrega el pollo marinado, el chile en polvo, la cúrcuma y el cilantro molido. Mezclar bien y cubrir con una tapa. Cocine a fuego lento durante 20 minutos.

- Agrega la leche de coco. Mezcle bien y cocine por otros 10 minutos, revolviendo con frecuencia. Poner a un lado.

- Calienta el aceite restante en una cacerola pequeña. Agrega los ingredientes de las especias. Déjalos escupir durante 30 segundos.

- Vierta estas especias en el pollo al curry. Mezclar bien y servir caliente.

Estofado de pollo con leche de coco

Para 4 personas

ingredientes

2 cucharadas de aceite vegetal refinado

2 cebollas, cortadas en 8 trozos cada una

1 cucharadita de pasta de jengibre

1 cucharadita de pasta de ajo

3 chiles verdes, cortados a lo largo

2 cucharadas de garam masala

8 muslos de pollo

750ml/1¼ litro de leche de coco

200 g de verduras mixtas congeladas

Sal al gusto

2 cucharaditas de harina de arroz, disueltas en 120 ml de agua

Método

- Calentar el aceite en una cacerola. Agregue la cebolla, la pasta de jengibre, la pasta de ajo, los chiles verdes y el garam masala. Freír durante 5 minutos, revolviendo constantemente.

- Agrega los palillos y la leche de coco. Mezclar bien. Cocine a fuego lento durante 20 minutos.

- Agrega las verduras y la sal. Mezclar bien y cocinar por 15 minutos.

- Agrega la mezcla de harina de arroz. Cocine a fuego lento durante 5 a 10 minutos y sirva caliente.

Chandy Tikka

(Trozos de pollo frito cubiertos de avena)

Para 4 personas

ingredientes

1 cucharada de jugo de limón

1 cucharadita de pasta de jengibre

1 cucharadita de pasta de ajo

75 g de queso cheddar

200 g de yogur

¾ cucharadita de pimienta blanca molida

1 cucharadita de semillas de comino negro

Sal al gusto

4 filetes de pollo

1 huevo batido

45 g de avena

Método

- Mezclar todos los ingredientes, excepto los filetes de pollo, el huevo y la avena. Marina el pollo con esta mezcla durante 3-4 horas.

- Remojar las pechugas de pollo marinadas en huevo, untarlas con harina de avena y asarlas durante una hora, dándoles la vuelta de vez en cuando. Servir caliente.

tandoori de pollo

Para 4 personas

ingredientes

1 cucharada de jugo de limón

2 cucharaditas de pasta de jengibre

2 cucharaditas de pasta de ajo

2 chiles verdes, finamente rallados

1 cucharada de hojas de cilantro, molidas

1 cucharadita de chile en polvo

1 cucharada de garam masala

1 cucharada de papaya cruda picada

½ cucharadita de colorante alimentario naranja

1½ cucharadas de aceite vegetal refinado

Sal al gusto

1 kilo de pollo entero

Método

- Mezclar todos los ingredientes, excepto el pollo. Haga cortes en el pollo y déjelo marinar con esta mezcla durante 6-8 horas.

- Ase el pollo en el horno a 200°C (400°F, marca de gas 6) durante 40 minutos. Servir caliente.

Murgh Lajawab

(Pollo cocinado con ricas especias indias)

Para 4 personas

ingredientes

1 kg de pollo, cortado en 8 trozos 1 cucharadita de pasta de jengibre

1 cucharadita de pasta de ajo

4 cucharadas de mantequilla clarificada

2 cucharaditas de semillas de amapola, molidas

1 cucharadita de semillas de melón*, Tierra

6 almendras

3 vainas de cardamomo verde

¼ cucharadita de nuez moscada molida

1 cucharadita de garam masala

2 pedazos de película

Sal al gusto

750ml/1¼ litro de leche

6 hebras de azafrán

Método

- Marina el pollo durante una hora con la pasta de jengibre y la pasta de ajo.

- Calienta ghee en una sartén y fríe el pollo marinado a fuego medio durante 10 minutos.

- Añade todos los demás ingredientes excepto la leche y el azafrán. Mezclar bien, tapar y cocinar a fuego lento durante 20 minutos.

- Añade la leche y el azafrán y cocina a fuego lento durante 10 minutos. Servir caliente.

Pollo Lahori

(Kip estilo frontera noroeste)

Para 4 personas

ingredientes

Yogur 50g/1¾oz

1 cucharadita de pasta de jengibre

1 cucharadita de pasta de ajo

1 cucharadita de chile en polvo

½ cucharadita de cúrcuma

1 kg de pollo, cortado en 12 trozos

4 cucharadas de aceite vegetal refinado

2 cebollas grandes, finamente picadas

1 cucharadita de semillas de sésamo, molidas

1 cucharadita de semillas de amapola, molidas

10 anacardos, molidos

2 pimientos verdes grandes, sin semillas y picados

500 ml de leche de coco

Sal al gusto

Método

- Mezcle el yogur, la pasta de jengibre, la pasta de ajo, el chile en polvo y la cúrcuma. Marina el pollo con esta mezcla durante 1 hora.

- Calentar el aceite en una cacerola. Freír las cebollas a fuego lento hasta que estén doradas.

- Agrega el pollo marinado. Cocine durante 7-8 minutos. Agrega todos los demás ingredientes y cocina por 30 minutos, revolviendo ocasionalmente. Servir caliente.

Higado de pollo

Para 4 personas

ingredientes

3 cucharadas de aceite vegetal refinado

2 cebollas grandes, finamente picadas

5 dientes de ajo, finamente picados

8 hígados de pollo

1 cucharadita de pimienta negra molida

1 cucharadita de jugo de limón

Sal al gusto

Método

- Calentar el aceite en una cacerola. Agrega las cebollas y el ajo. Freír durante 3-4 minutos a fuego medio.

- Agrega todos los demás ingredientes. Cocine durante 15-20 minutos, revolviendo ocasionalmente. Servir caliente.

pollo balinés

Para 4 personas

ingredientes

4 cucharadas de mantequilla clarificada

1 cucharadita de cúrcuma

1 cucharada de semillas de mostaza

1 cucharada de semillas de comino

8 dientes de ajo, finamente picados

1 pulgada de raíz de jengibre, finamente picada

3 cebollas pequeñas, finamente picadas

7 chiles verdes

750 g/1 libra 10 oz de pechuga de pollo, picada

1 cucharada de cilantro molido

1 cucharada de crema batida

1 cucharadita de garam masala

Sal al gusto

Método

- Calienta el ghee en una sartén. Agrega la cúrcuma, las semillas de mostaza y las semillas de comino. Déjalos escupir durante 30 segundos. Agrega el ajo, el jengibre, la cebolla y los chiles verdes y cocina a fuego medio durante 2-3 minutos.

- Agrega todos los demás ingredientes. Cocine a fuego lento durante 30 minutos, revolviendo ocasionalmente. Servir caliente.

Pollo picante

Para 4 personas

ingredientes

8 muslos de pollo

2 cucharaditas de salsa de chile verde

2 cucharadas de aceite vegetal refinado

2 cebollas grandes, finamente picadas

10 dientes de ajo, finamente picados

Sal al gusto

una pizca de azucar

2 cucharaditas de vinagre de malta

Método

- Marina el pollo en la salsa de chile durante 30 minutos.

- Calentar el aceite en una cacerola. Agrega las cebollas y cocina a fuego medio hasta que estén transparentes.

- Agrega el ajo, el pollo marinado y la sal. Mezclar bien y cocinar a fuego lento durante 30 minutos, revolviendo ocasionalmente.

- Agrega el azúcar y el vinagre. Mezclar bien y servir caliente.

Pollo Dilruba

(pollo en rica salsa)

Para 4 personas

ingredientes

5 cucharadas de aceite vegetal refinado

20 almendras molidas

20 anacardos, molidos

2 cebollas pequeñas, trituradas

Raíz de jengibre 5 cm/2 pulgadas, rallada

1 kg de pollo, cortado en 8 trozos

200 g de yogur

240ml de leche

1 cucharadita de garam masala

½ cucharadita de cúrcuma

1 cucharadita de chile en polvo

Sal al gusto

1 pizca de azafrán remojado en 1 cucharada de leche

2 cucharadas de hojas de cilantro, finamente picadas

Método

- Calentar el aceite en una cacerola. Agrega las almendras, los anacardos, la cebolla y el jengibre. Freír durante 3 minutos a fuego medio.

- Agrega el pollo y el yogur. Mezclar bien y cocinar a fuego medio durante 20 minutos.

- Agrega la leche, el garam masala, la cúrcuma, el chile en polvo y la sal. Mezclar bien. Cubrir con una tapa y cocinar a fuego lento durante 20 minutos.

- Adorne con hojas de azafrán y cilantro. Servir caliente.

Alas de pollo fritas

Para 4 personas

ingredientes

¼ de cucharadita de cúrcuma

1 cucharadita de garam masala

1 cucharadita de chaat masala*

Sal al gusto

1 huevo batido

Aceite vegetal refinado para freír.

12 alitas de pollo

Método

- Mezcle la cúrcuma, el garam masala, el chaat masala, la sal y el huevo hasta obtener una masa suave.

- Calienta el aceite en el sarten. Sumerge las alitas de pollo en la masa y fríelas a fuego medio hasta que estén doradas.

- Escurrir sobre papel absorbente y servir caliente.

Murgh Mussalam

(pollo relleno)

Para 6

ingredientes

2 cucharadas de mantequilla clarificada

2 cebollas grandes, ralladas

4 vainas de cardamomo negro, molidas

1 cucharadita de semillas de amapola

Coco desecado 50g/1¾oz

1 cucharadita de macis

1 kilo de pollo

4-5 cucharadas de frijoles*

2-3 hojas de laurel

6-7 vainas de cardamomo verde

3 cucharaditas de pasta de ajo

200 g de yogur

Sal al gusto

Método

- Calienta ½ cucharada de ghee en una sartén. Agrega las cebollas y sofríe hasta que estén doradas.

- Agrega el cardamomo, las semillas de amapola, el coco y la macis. Cocine por 3 minutos.

- Rellena el pollo con esta mezcla y cose la abertura para cerrarla. Poner a un lado.

- Calienta el ghee restante en una sartén. Agregue todos los demás ingredientes y el pollo. Cocine a fuego lento durante 1½ horas, revolviendo ocasionalmente. Servir caliente.

delicia de pollo

Para 4 personas

ingredientes

4 cucharadas de aceite vegetal refinado

Canela en polvo 5cm/2in

1 cucharada de cardamomo en polvo

8 clavos molidos

½ cucharadita de nuez moscada rallada

2 cebollas grandes, trituradas

10 dientes de ajo machacados

2,5 cm/1 pulgada de raíz de jengibre rallada

Sal al gusto

1 kg de pollo, cortado en 8 trozos

200 g de yogur

300 g/10 oz de pasta de tomate

Método

- Calentar el aceite en una cacerola. Agrega la canela, el cardamomo, el clavo, la nuez moscada, la cebolla, el ajo y el jengibre. Freír durante 5 minutos a fuego medio.

- Agrega la sal, el pollo, el yogur y el puré de tomate. Mezcle bien y cocine a fuego lento durante 40 minutos, revolviendo con frecuencia. Servir caliente.

Salli Kip

(Pollo con patatas fritas)

Para 4 personas

ingredientes

Sal al gusto

1 cucharadita de pasta de jengibre

1 cucharadita de pasta de ajo

1 kg de pollo, picado

3 cucharadas de aceite vegetal refinado

2 cebollas grandes, finamente picadas

1 cucharadita de azúcar

4 tomates, hechos puré

1 cucharadita de cúrcuma

250 g/9 oz de chips salados naturales

Método

- Mezcla sal, pasta de jengibre y pasta de ajo. Marina el pollo con esta mezcla durante 1 hora. Poner a un lado.

- Calentar el aceite en una cacerola. Freír las cebollas a fuego lento hasta que estén doradas.

- Agrega el pollo marinado y el azúcar, la pasta de tomate y la cúrcuma. Cubra con una tapa y cocine a fuego lento durante 40 minutos, revolviendo con frecuencia.

- Espolvorea con patatas fritas y sirve caliente.

tikka de pollo frito

Para 4 personas

ingredientes

1 kg de pollo deshuesado, picado

1 litro/1¾ pinta de leche

1 cucharadita de azafrán

8 vainas de cardamomo verde

5 dientes

2,5 cm/1 pulgada de canela

2 hojas de laurel

Arroz basmati 250g/9oz

4 cucharaditas de semillas de hinojo

Sal al gusto

150 g de yogur

Aceite vegetal refinado para freír.

Método

- Mezclar el pollo con la leche, el azafrán, el cardamomo, el clavo, la canela y las hojas de laurel. Cocine en una cacerola a fuego lento durante 50 minutos. Poner a un lado.

- Muele el arroz con las semillas de hinojo, sal y agua suficiente para hacer una pasta fina. Agrega esta pasta al yogur y mezcla bien.

- Calienta el aceite en el sarten. Sumerge los trozos de pollo en la mezcla de yogur y fríelos a fuego medio hasta que estén dorados. Servir caliente.

pollo mirando

Para 4 personas

ingredientes

500 g/1 libra 2 oz de pollo, finamente picado

10 dientes de ajo machacados

Raíz de jengibre 5 cm/2 pulgadas, cortada en juliana

2 chiles verdes, finamente picados

½ cucharadita de semillas de comino negro

Sal al gusto

Método

- Mezclar la carne picada con todos los ingredientes y amasar hasta que quede suave. Divide esta mezcla en 8 partes iguales.

- Pinchar y asar durante 10 minutos.

- Servir caliente con chutney de menta.

Nadan Kozhikari

(Pollo con hinojo y leche de coco)

Para 4 personas

ingredientes

½ cucharadita de cúrcuma

2 cucharaditas de pasta de jengibre

Sal al gusto

1 kg de pollo, cortado en 8 trozos

1 cucharada de semillas de cilantro

3 pimientos rojos

1 cucharadita de semillas de hinojo

1 cucharadita de semillas de mostaza

3 cebollas grandes

3 cucharadas de aceite vegetal refinado

750ml/1¼ litro de leche de coco

250 ml/8 onzas líquidas de agua

10 hojas de curry

Método

- Mezcla la cúrcuma, la pasta de jengibre y la sal durante 1 hora. Marina el pollo con esta mezcla durante 1 hora.

- Ase en seco las semillas de cilantro, los pimientos rojos, las semillas de hinojo y las semillas de mostaza. Mezclar con la cebolla y triturar hasta obtener una pasta suave.

- Calentar el aceite en una cacerola. Agrega el puré de cebolla y cocina a fuego lento durante 7 minutos. Agrega el pollo marinado, la leche de coco y el agua. Cocine a fuego lento durante 40 minutos. Sirva adornado con hojas de curry.

pollo de mamá

Para 4 personas

ingredientes

3 cucharadas de aceite vegetal refinado

5 cm/2 pulgadas de canela

2 vainas de cardamomo verde

4 dientes

4 cebollas grandes, finamente picadas

2,5 cm/1 pulgada de raíz de jengibre rallada

8 dientes de ajo machacados

3 tomates grandes, finamente picados

2 cucharaditas de cilantro molido

1 cucharadita de cúrcuma

Sal al gusto

1 kg de pollo, cortado en 12 trozos

500 ml/16 onzas líquidas de agua

Método

- Calentar el aceite en una cacerola. Agrega la canela, el cardamomo y el clavo. Déjalos escupir durante 15 segundos.
- Agrega las cebollas, el jengibre y el ajo. Freír durante 2 minutos a fuego medio.
- Agrega el resto de los ingredientes, excepto el agua. Cocine por 5 minutos.
- Vierta en el agua. Mezclar bien y cocinar a fuego lento durante 40 minutos. Servir caliente.

Methi Kip

(pollo cocinado con hojas de fenogreco)

Para 4 personas

ingredientes

1 cucharadita de pasta de jengibre

2 cucharaditas de pasta de ajo

2 cucharaditas de cilantro molido

½ cucharadita de clavo molido

Jugo de 1 limón

1 kg de pollo, cortado en 8 trozos

4 cucharaditas de mantequilla

1 cucharadita de jengibre seco en polvo

2 cucharadas de hojas secas de fenogreco

50 g de hojas de cilantro picadas

10 g de hojas de menta finamente picadas

Sal al gusto

Método

- Mezcla la pasta de jengibre, la pasta de ajo, el cilantro molido, los clavos y la mitad del jugo de limón. Marina el pollo con esta mezcla durante 2 horas.
- Hornee a 200°C (400°F, marca de gas 6) durante 50 minutos. Poner a un lado.
- Calentar la mantequilla en una cacerola. Agrega el pollo asado y todos los demás ingredientes. Lanza bien. Cocine durante 5-6 minutos y sirva caliente.

Muslos De Pollo Picantes

Para 4 personas

ingredientes

8-10 muslos de pollo, pinchados por todas partes con un tenedor

2 huevos batidos

100 g de sémola

Aceite vegetal refinado para freír.

Para la mezcla de especias:

6 pimientos rojos

6 dientes de ajo

2,5 cm/1 pulgada de raíz de jengibre

1 cucharada de hojas de cilantro, finamente picadas

6 dientes

15 granos de pimienta negra

Sal al gusto

4 cucharadas de vinagre de malta

Método

- Muele los ingredientes para la mezcla de especias hasta obtener una pasta suave. Marinar las baquetas con esta pasta durante una hora.
- Calienta el aceite en el sarten. Mojar las piernas en el huevo, rebozarlas en la sémola y freírlas a fuego medio hasta que estén doradas. Servir caliente.

Pollo al curry de Dieter

Para 4 personas

ingredientes

1 cucharadita de pasta de jengibre

1 cucharadita de pasta de ajo

200 g de yogur

1 cucharadita de chile en polvo

½ cucharadita de cúrcuma

2 tomates, finamente picados

1 cucharadita de cilantro molido

1 cucharadita de comino molido

1 cucharadita de hojas secas de fenogreco, picadas

2 cucharaditas de garam masala

1 cucharadita de pepinillos encurtidos de mango

Sal al gusto

750 g/1 libra 10 oz de pollo, picado

Método
- Mezclar todos los ingredientes, excepto el pollo. Marina el pollo con esta mezcla durante 3 horas.
- Hervir la mezcla en una olla o cacerola a fuego lento durante 40 minutos. Agregue agua si es necesario. Servir caliente.

pollo celestial

Para 4 personas

ingredientes

4 cucharadas de aceite vegetal refinado

1 kg de pollo, cortado en 8 trozos

Sal al gusto

1 cucharadita de pimienta

1 cucharadita de cúrcuma

6 cebolletas, finamente picadas

250 ml/8 onzas líquidas de agua

Para la mezcla de especias:

1½ cucharadita de pasta de jengibre

1½ cucharaditas de pasta de ajo

3 pimientos verdes, sin semillas y en rodajas

2 pimientos verdes

½ coco fresco rallado

2 tomates, finamente picados

Método

- Muele los ingredientes de la mezcla de especias hasta obtener una pasta suave.
- Calentar el aceite en una cacerola. Agrega la pasta y cocina a fuego lento durante 7 minutos. Agrega el resto de los ingredientes, excepto el agua. Cocine por 5 minutos. Agrega el agua. Mezclar bien y cocinar a fuego lento durante 40 minutos. Servir caliente.

rizala de pollo

Para 4 personas

ingredientes

6 cucharadas de aceite vegetal refinado

2 cebollas grandes, cortadas a lo largo

1 cucharadita de pasta de jengibre

1 cucharadita de pasta de ajo

2 cucharadas de semillas de amapola, molidas

1 cucharada de cilantro molido

2 pimientos verdes grandes, cortados en juliana

360 ml/12 onzas líquidas de agua

1 kg de pollo, cortado en 8 trozos

6 vainas de cardamomo verde

5 dientes

200 g de yogur

1 cucharadita de garam masala

Jugo de 1 limón

Sal al gusto

Método

- Calentar el aceite en una cacerola. Agrega la cebolla, la pasta de jengibre, la pasta de ajo, las semillas de amapola y el cilantro molido. Freír durante 2 minutos a fuego lento.
- Agregue todos los demás ingredientes y mezcle bien. Cubra con una tapa y cocine a fuego lento durante 40 minutos, revolviendo ocasionalmente. Servir caliente.

sorpresa de pollo

Para 4 personas

ingredientes

150 g de hojas de cilantro picadas

10 dientes de ajo

2,5 cm/1 pulgada de raíz de jengibre

1 cucharadita de garam masala

1 cucharada de pasta de tamarindo

2 cucharaditas de semillas de comino

1 cucharadita de cúrcuma

4 cucharadas de agua

Sal al gusto

1 kg de pollo, cortado en 8 trozos

Aceite vegetal refinado para freír.

2 huevos batidos

Método

- Muele todos los ingredientes, excepto el pollo, el aceite y los huevos, hasta obtener una pasta suave. Marina el pollo con esta pasta durante 2 horas.
- Calienta el aceite en el sarten. Sumerge cada trozo de pollo en los huevos y fríe a fuego medio hasta que se doren. Servir caliente.

Pollo Con Queso

Para 4 personas

ingredientes

12 muslos de pollo

4 cucharadas de mantequilla

1 cucharadita de pasta de jengibre

1 cucharadita de pasta de ajo

2 cebollas grandes, finamente picadas

1 cucharadita de garam masala

Sal al gusto

200 g de yogur

Para la marinada:

1 cucharadita de pasta de jengibre

1 cucharadita de pasta de ajo

1 cucharada de jugo de limón

¼ de cucharadita de garam masala

4 cucharadas de crema batida

4 cucharadas de queso cheddar, rallado

Sal al gusto

Método

- Pincha todos los palillos con un tenedor. Mezcle todos los ingredientes de la marinada. Marina las piernas con esta mezcla durante 8-10 horas.
- Calentar la mantequilla en una cacerola. Agrega la pasta de jengibre y la pasta de ajo. Freír durante 1-2 minutos a fuego medio. Agregue todos los demás ingredientes, excepto el yogur. Cocine por 5 minutos.
- Agrega los palillos y el yogur. Cocine a fuego lento durante 40 minutos. Servir caliente.

Korma de ternera

(Carne cocida en salsa picante)

Para 4 personas

ingredientes

4 cucharadas de aceite vegetal refinado

2 cebollas grandes, finamente picadas

675 g/1 ½ lb de carne de res, cortada en trozos de 2,5 cm/1 pulgada

360 ml/12 onzas líquidas de agua

½ cucharadita de canela molida

120 ml/4 fl oz de crema única

125 g de yogur

1 cucharadita de garam masala

Sal al gusto

10 g de hojas de cilantro finamente picadas

Para la mezcla de especias:

1½ cucharadas de semillas de cilantro

¾ cucharadas de semillas de comino

3 vainas de cardamomo verde

4 granos de pimienta negra

6 dientes

2,5 cm/1 pulgada de raíz de jengibre

10 dientes de ajo

15 almendras

Método

- Mezcle todos los ingredientes de la mezcla de especias y muela con suficiente agua para hacer una pasta suave. Poner a un lado.
- Calentar el aceite en una cacerola. Agrega las cebollas y cocina a fuego medio hasta que estén doradas.
- Agrega la pasta de especias y la carne. Freír durante 2-3 minutos. Agrega el agua. Mezclar bien y cocinar a fuego lento durante 45 minutos.
- Agrega la canela molida, la nata, el yogur, el garam masala y la sal. Mezclar bien durante 3-4 minutos.
- Adorne la korma de ternera con hojas de cilantro. Servir caliente.

Desde Khema

(carne picada con lentejas)

Para 4 personas

ingredientes

675 g/1½ libra de cordero, picado

1 cucharadita de pasta de jengibre

1 cucharadita de pasta de ajo

3 cebollas grandes, finamente picadas

360 ml/12 onzas líquidas de agua

Sal al gusto

600 g/1 libra 5 oz chana dhal*, sumergido en 250 ml/8 fl oz de agua durante 30 minutos

½ cucharadita de pasta de tamarindo

60 ml/2 fl oz de aceite vegetal refinado

4 dientes

2,5 cm/1 pulgada de canela

2 vainas de cardamomo verde

4 granos de pimienta negra

10 g de hojas de cilantro finamente picadas

Para la mezcla de especias:

2 cucharaditas de semillas de cilantro

3 pimientos rojos

½ cucharadita de cúrcuma

¼ cucharadita de semillas de comino

25 g/escaneo 1 oz de coco fresco, rallado

1 cucharadita de semillas de amapola

Método

- Ase en seco todos los ingredientes de la mezcla de especias. Muele esta mezcla con suficiente agua para obtener una pasta suave. Poner a un lado.
- Mezclar el cordero picado con la pasta de jengibre, la pasta de ajo, la mitad de la cebolla, el resto del agua y la sal. Cocina en una cacerola a fuego medio durante 40 minutos.
- Agrega el chana dhal junto con el agua en la que se remojó. Mezclar bien. Cocine a fuego lento durante 10 minutos.
- Agrega la pasta de mezcla de especias y la pasta de tamarindo. Cubra con una tapa y cocine a fuego lento durante 10 minutos, revolviendo ocasionalmente. Poner a un lado.
- Calienta el aceite en el sarten. Agrega las cebollas restantes y cocina a fuego medio hasta que estén doradas.
- Agrega los clavos, la canela, el cardamomo y los granos de pimienta. Cocine por un minuto.

- Retirar del fuego y verter la mezcla de carne picada y dhal directamente sobre la parte superior. Mezclar bien por un minuto.
- Adorne el dhal kheema con hojas de cilantro. Servir caliente.

curry de cerdo

Para 4 personas

ingredientes

500 g/1 libra 2 oz de carne de cerdo, cortada en trozos de 2,5 cm/1 pulgada

1 cucharada de vinagre de malta

6 hojas de curry

2,5 cm/1 pulgada de canela

3 dientes

500 ml/16 onzas líquidas de agua

Sal al gusto

2 patatas grandes, cortadas en cubitos

3 cucharadas de aceite vegetal refinado

1 cucharadita de garam masala

Para la mezcla de especias:

1 cucharada de semillas de cilantro

1 cucharadita de semillas de comino

6 granos de pimienta negra

½ cucharadita de cúrcuma

4 pimientos rojos

2 cebollas grandes, finamente picadas

2,5 cm/1 pulgada de raíz de jengibre, en rodajas

10 dientes de ajo, rebanados

½ cucharadita de pasta de tamarindo

Método

- Mezcle todos los ingredientes para la mezcla de especias. Triturar con suficiente agua hasta obtener una pasta suave. Poner a un lado.
- Mezclar la carne de cerdo con el vinagre, las hojas de curry, la canela, el clavo, el agua y la sal. Hervir esta mezcla en una cacerola a fuego medio durante 40 minutos.
- Agrega las patatas. Mezclar bien y cocinar a fuego lento durante 10 minutos. Poner a un lado.
- Calentar el aceite en una cacerola. Agrega la pasta de especias y cocina a fuego medio durante 3-4 minutos.
- Agrega la mezcla de carne de cerdo y el garam masala. Mezclar bien. Cubra con una tapa y cocine a fuego lento durante 10 minutos, revolviendo ocasionalmente.
- Servir caliente.

Kebab Shikampoor

(kebab de cordero)

Para 4 personas

ingredientes

3 cebollas grandes

8 dientes de ajo

2,5 cm/1 pulgada de raíz de jengibre

6 pimientos rojos secos

4 cucharadas de ghee y extra para freír

1 cucharadita de cúrcuma

1 cucharadita de cilantro molido

½ cucharadita de comino molido

10 almendras, molidas

10 pistachos, molidos

1 cucharadita de garam masala

Una pizca de canela molida

1 cucharada de clavo molido

1 cucharada de cardamomo verde molido

2 cucharadas de leche de coco

Sal al gusto

1 cucharada de frijoles*

750 g/1 libra 10 oz de cordero, picado

200 g de yogur griego

1 cucharada de hojas de menta, finamente picadas

Método

- Mezcle las cebollas, el ajo, el jengibre y los chiles.
- Muele esta mezcla con suficiente agua para obtener una pasta suave.
- Calienta el ghee en una sartén. Agrega esta pasta y sofríe durante 1-2 minutos a fuego medio.
- Agrega la cúrcuma, el cilantro molido y el comino molido. Cocine por un minuto.
- Agrega las almendras picadas, los pistachos picados, el garam masala, la canela picada, los clavos picados y el cardamomo. Continúe friendo durante 2-3 minutos.
- Agrega la leche de coco y la sal. Mezclar bien. Mezclar durante 5 minutos.
- Agrega los frijoles y la carne picada. Mezclar bien. Cocine a fuego lento durante 30 minutos, revolviendo ocasionalmente. Retirar del fuego y dejar enfriar durante 10 minutos.
- Cuando la mezcla de carne picada se haya enfriado, divídela en 8 bolas y aplana cada una hasta formar una chuleta. Poner a un lado.

- Batir bien el yogur con las hojas de menta. Coloque una cucharada generosa de esta mezcla en el centro de cada chuleta aplanada. Cerrar como una bolsa, formar una bola y volver a aplanar.
- Calienta el ghee en una sartén. Agrega las chuletas y sofríelas a fuego medio hasta que estén doradas. Servir caliente.

oveja especial

Para 4 personas

ingredientes

5 cucharadas de mantequilla clarificada

4 cebollas grandes, picadas

2 tomates, rebanados

675 g/1½ lb de cordero, cortado en trozos de 3,5 cm/1 pulgada

1 litro/1¾ litro de agua

Sal al gusto

Para la mezcla de especias:

10 dientes de ajo

3 pimientos verdes

3,5 cm/1 (en raíz de jengibre)

4 dientes

2,5 cm/1 pulgada de canela

1 cucharada de semillas de amapola

1 cucharadita de semillas de comino negro

1 cucharadita de semillas de comino

2 vainas de cardamomo verde

2 cucharadas de semillas de cilantro

7 granos de pimienta

5 pimientos rojos secos

1 cucharadita de cúrcuma

1 cucharada de chana dhal*

25 g/escaneo 1 oz de hojas de menta

25 g/escaneo 1 oz de hojas de cilantro

100 g de coco fresco rallado

Método

- Mezcle todos los ingredientes de la mezcla de especias y muela con suficiente agua para hacer una pasta suave. Poner a un lado.
- Calienta el ghee en una sartén. Agrega las cebollas y cocina a fuego medio hasta que estén doradas.
- Agrega la pasta de especias. Freír durante 3-4 minutos, revolviendo de vez en cuando.
- Agrega los tomates y el cordero. Cocine durante 8-10 minutos. Agrega el agua y la sal. Mezcle bien, cubra con una tapa y cocine a fuego lento durante 45 minutos, revolviendo ocasionalmente. Servir caliente.

Chuletas de masala verdes

Para 4 personas

ingredientes

Chuletas De Cordero 750g/1lb 10oz

Sal al gusto

360 ml/12 fl oz de aceite vegetal refinado

3 patatas grandes, en rodajas

5 cm/2 pulgadas de canela

2 vainas de cardamomo verde

4 dientes

3 tomates, finamente picados

¼ de cucharadita de cúrcuma

120 ml de vinagre

250 ml/8 onzas líquidas de agua

Para la mezcla de especias:

3 cebollas grandes

2,5 cm/1 pulgada de raíz de jengibre

10-12 dientes de ajo

¼ cucharadita de semillas de comino

6 chiles verdes, cortados a lo largo

1 cucharadita de semillas de cilantro

1 cucharadita de semillas de comino

50 g de hojas de cilantro finamente picadas

Método

- Marinar el cordero con sal durante una hora.
- Mezcle todos los ingredientes de la mezcla de especias. Triturar con suficiente agua hasta obtener una pasta suave. Poner a un lado.
- Calienta la mitad del aceite en una sartén. Agrega las patatas y cocina a fuego medio hasta que estén doradas. Escurrir y reservar.
- Calienta el aceite restante en una cacerola. Agrega la canela, el cardamomo y el clavo. Déjalos escupir durante 20 segundos.
- Agrega la pasta de especias. Freírlo durante 3-4 minutos a fuego medio.
- Agrega los tomates y la cúrcuma. Continúe friendo durante 1-2 minutos.
- Agrega el vinagre y el cordero marinado. Cocine durante 6-7 minutos.
- Añade agua y mezcla bien. Cubra con una tapa y cocine a fuego lento durante 45 minutos, revolviendo ocasionalmente.
- Agrega las patatas fritas. Cocine por 5 minutos, revolviendo constantemente. Servir caliente.

kebab en capas

Para 4 personas

ingredientes

120 ml/4 fl oz de aceite vegetal refinado

100 g/3 oz de pan rallado

Para la capa blanca:

450 g de queso de cabra escurrido

1 papa grande, cocida

½ cucharadita de sal

½ cucharadita de pimienta negra molida

½ cucharadita de chile en polvo

Jugo de medio limón

50 g de hojas de cilantro picadas

Para la capa verde:

200 g de espinacas

2 cucharadas de mungo dhal*

1 cebolla grande, finamente picada

2,5 cm/1 pulgada de raíz de jengibre

4 dientes

¼ de cucharadita de cúrcuma

1 cucharadita de garam masala

Sal al gusto

250 ml/8 onzas líquidas de agua

2 cucharadas de frijoles*

Para la capa naranja:

1 huevo batido

1 cebolla grande, finamente picada

1 cucharada de jugo de limón

¼ de cucharadita de colorante alimentario naranja

Para la capa de carne:

500 g/1 libra 2 oz de carne, picada

150 g/5½ oz de dhal mungo*, remojado durante 1 hora

5 cm/2 pulgadas de raíz de jengibre

6 dientes de ajo

6 dientes

1 cucharada de comino molido

1 cucharada de chile en polvo

10 granos de pimienta negra

600ml/1 litro de agua

Método

- Mezclar y amasar los ingredientes para la capa blanca con un poco de sal. Poner a un lado.

- Mezclar todos los ingredientes de la capa verde excepto el besan. Cocine en una cacerola a fuego lento durante 45 minutos. Licúa con el besan y reserva.
- Mezclar todos los ingredientes para la capa de naranja con un poco de sal. Poner a un lado.
- Para la capa de carne, mezcla todos los ingredientes con un poco de sal y cocina en una cacerola a fuego medio durante 40 minutos. Dejar enfriar y licuar.
- Divida la mezcla de cada capa en 8 porciones. Forme bolitas y dé golpecitos suaves para formar chuletas. Coloque 1 chuleta de cada capa encima de la otra, de modo que tenga ocho albóndigas de 4 capas. Presione ligeramente en brochetas alargadas.
- Calienta el aceite en el sarten. Enrollar las brochetas en pan rallado y freír a fuego medio hasta que estén doradas. Servir caliente.

Bárbara Campione

(chuletas de cordero asadas)

Para 4 personas

ingredientes

1 cucharadita de pasta de jengibre

1 cucharadita de pasta de ajo

3 cucharadas de vinagre de malta

675 g/1 ½ libra de chuletas de cordero

400 g de yogur griego

1 cucharadita de cúrcuma

4 chiles verdes, finamente picados

½ cucharadita de chile en polvo

1 cucharadita de cilantro molido

1 cucharadita de comino molido

1 cucharadita de canela molida

¾ cucharadita de clavo molido

Sal al gusto

1 cucharada de chaat masala*

Método

- Mezclar la pasta de jengibre y la pasta de ajo con el vinagre. Marinar el cordero con esta mezcla durante 2 horas.
- Mezcle todos los demás ingredientes, excepto el chaat masala. Marina las chuletas de cordero con esta mezcla durante 4 horas.
- Ensartar las chuletas y asar en el horno a 200°C (400°F, marca de gas 6) durante 40 minutos.
- Adorne con chaat masala y sirva caliente.

pepinillo de cordero

Para 4 personas

ingredientes

10 chiles rojos secos

10 dientes de ajo

3,5 cm/1 (en raíz de jengibre)

Sal al gusto

750ml/1¼ litro de agua

2 cucharadas de yogur

675 g/1½ lb de cordero, cortado en trozos de 2,5 cm/1 pulgada

250 ml/8 fl oz de aceite vegetal refinado

1½ cucharaditas de cúrcuma

1 cucharada de semillas de cilantro

10 granos de pimienta negra

3 vainas de cardamomo negro

4 dientes

3 hojas de laurel

1 cucharadita de macis rallado

¼ cucharadita de nuez moscada rallada

1 cucharadita de semillas de comino

½ cucharadita de semillas de mostaza

100 g/3½ oz de coco desecado

½ cucharadita de asafétida

Jugo de 1 limón

Método

- Mezcle los pimientos rojos, el ajo, el jengibre y la sal. Triturar con suficiente agua hasta obtener una pasta suave.
- Mezcla esta pasta con yogur. Marina la carne con esta mezcla durante 1 hora.
- Calienta la mitad del aceite en una sartén. Agregue cúrcuma, semillas de cilantro, granos de pimienta, cardamomo, clavo, hojas de laurel, macis, nuez moscada, semillas de comino, semillas de mostaza y coco. Freír durante 2-3 minutos a fuego medio.
- Muele la mezcla con suficiente agua hasta obtener una pasta espesa.
- Agrega el aceite restante a una sartén. Agrega asafétida. Déjelo crepitar durante 10 segundos.
- Agrega la pasta de semillas de cilantro y cúrcuma molida. Freír durante 3-4 minutos a fuego medio.
- Agrega el cordero marinado y el agua restante. Mezclar bien. Cubra con una tapa y cocine a fuego lento durante 45 minutos. Dejar enfriar.
- Agrega el jugo de limón y mezcla bien. Guarde la salmuera de cordero en un recipiente hermético.

Curry de cordero de Goa

Para 4 personas

ingredientes

240 ml/6 fl oz de aceite vegetal refinado

4 cebollas grandes, finamente picadas

1 cucharadita de cúrcuma

4 tomates, hechos puré

675 g/1½ lb de cordero, cortado en trozos de 2,5 cm/1 pulgada

4 patatas grandes, cortadas en cubitos

600ml/1 litro de leche de coco

120 ml/4 onzas líquidas de agua

Sal al gusto

Para la mezcla de especias:

4 vainas de cardamomo verde

5 cm/2 pulgadas de canela

6 granos de pimienta negra

1 cucharadita de semillas de comino

2 dientes

6 pimientos rojos

1 anís estrellado

50 g de hojas de cilantro finamente picadas

3 pimientos verdes

1 cucharadita de pasta de jengibre

1 cucharadita de pasta de ajo

Método

- Para preparar la mezcla de especias, ase en seco el cardamomo, la canela, los granos de pimienta, las semillas de comino, los clavos, los chiles rojos y el anís estrellado durante 3-4 minutos.
- Muele esta mezcla con los otros ingredientes de la mezcla de especias y suficiente agua para hacer una pasta suave. Poner a un lado.
- Calentar el aceite en una cacerola. Agrega las cebollas y saltea a fuego medio hasta que estén transparentes.
- Agrega la cúrcuma y la pasta de tomate. Freír durante 2 minutos.
- Agrega la pasta de especias. Continúe friendo durante 4-5 minutos.
- Añade el cordero y las patatas. Cocine durante 5-6 minutos.
- Agrega la leche de coco, el agua y la sal. Mezclar bien. Cubra con una tapa y cocine la mezcla a fuego lento durante 45 minutos, revolviendo ocasionalmente. Servir caliente.

carne de bagara

(Carne cocinada en una rica salsa india)

Para 4 personas

ingredientes

120 ml/4 fl oz de aceite vegetal refinado

3 pimientos rojos

1 cucharadita de semillas de comino

10 hojas de curry

2 cebollas grandes

½ cucharadita de cúrcuma

1 cucharadita de chile en polvo

1 cucharadita de cilantro molido

1 cucharadita de pasta de tamarindo

1 cucharadita de garam masala

500 g/1 libra 2 oz de cordero, cortado en cubitos

Sal al gusto

500 ml/16 onzas líquidas de agua

Para la mezcla de especias:

2 cucharadas de semillas de sésamo

2 cucharadas de coco fresco, rallado

2 cucharadas de maní

2,5 cm/1 pulgada de raíz de jengibre

8 dientes de ajo

Método

- Mezcle los ingredientes para la mezcla de especias. Muele esta mezcla con suficiente agua para obtener una pasta suave. Poner a un lado.
- Calentar el aceite en una cacerola. Agrega los chiles rojos, las semillas de comino y las hojas de curry. Déjalos escupir durante 15 segundos.
- Agrega las cebollas y la pasta de la mezcla de especias. Freír durante 4-5 minutos a fuego medio.
- Agrega el resto de los ingredientes, excepto el agua. Cocine durante 5-6 minutos.
- Agrega el agua. Mezclar bien. Cubra con una tapa y cocine a fuego lento durante 45 minutos. Servir caliente.

Hígado en leche de coco

Para 4 personas

ingredientes

750 g/1 libra 10 onzas de hígado, cortado en trozos de 2,5 cm/1 pulgada

½ cucharadita de cúrcuma

Sal al gusto

500 ml/16 onzas líquidas de agua

5 cucharadas de aceite vegetal refinado

3 cebollas grandes, finamente picadas

1 cucharada de jengibre, finamente picado

1 cucharada de dientes de ajo, finamente picados

6 chiles verdes, cortados a lo largo

3 patatas grandes, cortadas en trozos de 2,5 cm

1 cucharada de vinagre de malta

500 ml de leche de coco

Para la mezcla de especias:

3 pimientos rojos secos

2,5 cm/1 pulgada de canela

4 vainas de cardamomo verde

1 cucharadita de semillas de comino

8 granos de pimienta negra

Método

- Mezclar el hígado con la cúrcuma, la sal y el agua. Cocina en una cacerola a fuego medio durante 40 minutos. Poner a un lado.
- Mezcle todos los ingredientes de la mezcla de especias y muela con suficiente agua para hacer una pasta suave. Poner a un lado.
- Calentar el aceite en una cacerola. Agrega las cebollas y saltea a fuego medio hasta que estén transparentes.
- Agrega el jengibre, el ajo y los chiles verdes. Freír durante 2 minutos.
- Agrega la pasta de especias. Continúe friendo durante 1-2 minutos.
- Agrega la mezcla de hígado, las patatas, el vinagre y la leche de coco. Mezclar bien durante 2 minutos. Cubra con una tapa y cocine a fuego lento durante 15 minutos, revolviendo ocasionalmente. Servir caliente.

Cordero masala con yogur

Para 4 personas

ingredientes

200 g de yogur

Sal al gusto

675 g/1½ lb de cordero, cortado en trozos de 2,5 cm/1 pulgada

4 cucharadas de aceite vegetal refinado

3 cebollas grandes, finamente picadas

3 zanahorias, cortadas en cubitos

3 tomates, finamente picados

120 ml/4 onzas líquidas de agua

Para la mezcla de especias:

25 g/escaneo 1 oz de hojas de cilantro, finamente picadas

¼ de cucharadita de cúrcuma

2,5 cm/1 pulgada de raíz de jengibre

2 pimientos verdes

8 dientes de ajo

4 vainas de cardamomo

4 dientes

5 cm/2 pulgadas de canela

3 hojas de curry

¾ cucharadita de cúrcuma

2 cucharaditas de cilantro molido

1 cucharadita de chile en polvo

½ cucharadita de pasta de tamarindo

Método

- Mezcle todos los ingredientes de la mezcla de especias. Triturar con suficiente agua hasta obtener una pasta suave.
- Mezclar bien la pasta con el yogur y la sal. Marinar el cordero con esta mezcla durante 1 hora.
- Calentar el aceite en una cacerola. Agrega las cebollas y saltea a fuego medio hasta que estén transparentes.
- Agrega las zanahorias y los tomates y cocina durante 3-4 minutos.
- Agrega el cordero marinado y el agua. Mezclar bien. Cubra con una tapa y cocine a fuego lento durante 45 minutos, revolviendo ocasionalmente. Servir caliente.

Korma en Khada Masala

(Cordero picante en salsa espesa)

Para 4 personas

ingredientes

75 g/2½ onzas de mantequilla clarificada

3 vainas de cardamomo negro

6 dientes

2 hojas de laurel

½ cucharadita de semillas de comino

2 cebollas grandes, picadas

3 pimientos rojos secos

1 pulgada de raíz de jengibre, finamente picada

20 dientes de ajo

5 chiles verdes, cortados a lo largo

675 g/1½ libra de cordero, cortado en cubitos

½ cucharadita de chile en polvo

2 cucharaditas de cilantro molido

6-8 chalotes, pelados

200 g de guisantes enlatados

750 ml/1¼ fl oz de agua

Una pizca de azafrán disuelta en 2 cucharadas de agua tibia

Sal al gusto

1 cucharadita de jugo de limón

200 g de yogur

1 cucharada de hojas de cilantro, finamente picadas

4 huevos duros, cortados por la mitad

Método

- Calienta el ghee en una sartén. Agrega el cardamomo, el clavo, las hojas de laurel y las semillas de comino. Déjalos escupir durante 30 segundos.
- Agrega las cebollas y cocina a fuego medio hasta que estén doradas.
- Agregue los chiles rojos secos, el jengibre, el ajo y los chiles verdes. Cocine por un minuto.
- Agrega las ovejas. Cocine durante 5-6 minutos.
- Agrega el chile en polvo, el cilantro molido, las chalotas y los guisantes. Continúe friendo durante 3-4 minutos.
- Agrega el agua, la mezcla de azafrán, la sal y el jugo de limón. Mezclar bien durante 2-3 minutos. Cubra con una tapa y cocine a fuego lento durante 20 minutos.
- Abre la cacerola y agrega el yogur. Mezclar bien. Cubra nuevamente y cocine a fuego lento durante 20-25 minutos, revolviendo ocasionalmente.
- Adorne con hojas de cilantro y huevos. Servir caliente.

Curry de cordero y riñón

Para 4 personas

ingredientes

5 cucharadas de aceite vegetal refinado más extra para freír

4 patatas grandes, cortadas en tiras largas

3 cebollas grandes, finamente picadas

3 tomates grandes, finamente picados

¼ de cucharadita de cúrcuma

1 cucharadita de chile en polvo

2 cucharaditas de cilantro molido

1 cucharadita de comino molido

25 anacardos, picados en trozos grandes

4 riñones, cortados en cubitos

500 g/1 lb 2 oz de cordero, cortado en trozos de 5 cm/2 pulgadas

Jugo de 1 limón

1 cucharadita de pimienta negra molida

Sal al gusto

500 ml/16 onzas líquidas de agua

4 huevos duros, en cuartos

10 g de hojas de cilantro finamente picadas

Para la mezcla de especias:

1½ cucharadita de pasta de jengibre

1½ cucharaditas de pasta de ajo

4-5 chiles verdes

4 vainas de cardamomo

6 dientes

1 cucharadita de comino negro

1½ cucharadas de vinagre de malta

Método

- Mezcle todos los ingredientes para la mezcla de especias y muela con suficiente agua hasta obtener una pasta suave. Poner a un lado.
- Calentar el aceite para freír en una sartén. Agrega las patatas y sofríe durante 3-4 minutos a fuego medio. Escurrir y reservar.
- Calienta 5 cucharadas de aceite en una sartén. Agrega las cebollas y saltea a fuego medio hasta que estén transparentes.
- Agrega la pasta de especias. Freír durante 2-3 minutos, revolviendo con frecuencia.
- Agregue los tomates, la cúrcuma, el chile en polvo, el cilantro molido y el comino molido. Continúe friendo durante 2-3 minutos.

- Agrega los anacardos, los riñones y el cordero. Cocine durante 6-7 minutos.
- Agrega el jugo de limón, la pimienta, la sal y el agua. Mezclar bien. Cubra con una tapa y cocine a fuego lento durante 45 minutos, revolviendo ocasionalmente.
- Adorne con huevos y hojas de cilantro. Servir caliente.

Dios mío, Gulfam

(oveja con queso de cabra)

Para 4 personas

ingredientes

675 g/1½ libra de cordero deshuesado

300 g de queso de cabra escurrido

Khoya 200g/7oz*

150 g de frutos secos variados, finamente picados

6 chiles verdes, finamente picados

25 g/escaneo 1 oz de hojas de cilantro, finamente picadas

2 huevos duros

Para la salsa:

¾ cucharadas de aceite vegetal refinado

3 cebollas grandes, finamente picadas

5 cm de raíz de jengibre finamente picada

10 dientes de ajo, finamente picados

3 tomates, finamente picados

1 cucharadita de chile en polvo

120ml caldo de cordero

Sal al gusto

Método

- Aplana el cordero hasta que parezca un filete.
- Mezclar el queso de cabra, el khoya, los frutos secos, los chiles verdes y las hojas de cilantro. Amasar esta mezcla hasta obtener una masa suave.
- Extiende la masa sobre la oveja aplanada y coloca los huevos en el centro.
- Enrolla bien la oveja para que quede dentro la masa y los huevos. Envuélvalo en papel de aluminio y hornee a 180°C (350°F, marca de gas 4) durante 1 hora. Poner a un lado.
- Calienta el aceite en una sartén para preparar la salsa. Agrega las cebollas y cocina a fuego medio hasta que estén transparentes.
- Agrega el jengibre y el ajo. Cocine por un minuto.
- Agrega los tomates y el chile en polvo. Freír durante otros 2 minutos, revolviendo con frecuencia.
- Agrega el caldo y la sal. Mezclar bien. Cocine a fuego lento durante 10 minutos, revolviendo ocasionalmente. Poner a un lado.
- Corta el rollo de carne horneado en rodajas y colócalas en un plato para servir. Vierta la salsa y sirva caliente.

Cordero Do Pyaaza

(Cordero con cebolla)

Para 4 personas

ingredientes

120 ml/4 fl oz de aceite vegetal refinado

1 cucharadita de cúrcuma

3 hojas de laurel

4 dientes

5 cm/2 pulgadas de canela

6 pimientos rojos secos

4 vainas de cardamomo verde

6 cebollas grandes, 2 picadas, 4 en rodajas

3 cucharadas de pasta de jengibre

3 cucharadas de pasta de ajo

2 tomates, finamente picados

8 chalotas, partidas por la mitad

2 cucharaditas de garam masala

2 cucharaditas de cilantro molido

4 cucharaditas de comino molido

1½ cucharaditas de macis rallado

½ nuez moscada rallada

2 cucharaditas de pimienta negra molida

Sal al gusto

675 g/1½ libra de cordero, cortado en cubitos

250 ml/8 onzas líquidas de agua

10 g de hojas de cilantro finamente picadas

2,5 cm de raíz de jengibre cortada en juliana

Método

- Calentar el aceite en una cacerola. Agregue la cúrcuma, las hojas de laurel, el clavo, la canela, los chiles rojos y el cardamomo. Déjalos escupir durante 30 segundos.
- Agrega las cebollas picadas. Fríelos a fuego medio hasta que se vuelvan traslúcidos.
- Agrega la pasta de jengibre y la pasta de ajo. Cocine por un minuto.
- Agrega los tomates, las chalotas, el garam masala, el cilantro molido, el comino molido, la macis, la nuez moscada, la sal y la pimienta. Continúe friendo durante 2-3 minutos.
- Agrega el cordero y la cebolla en rodajas. Mezclar bien y freír durante 6-7 minutos.
- Agrega el agua y mezcla por un minuto. Cubra con una tapa y cocine a fuego lento durante 30 minutos, revolviendo ocasionalmente.
- Adorne con hojas de cilantro y jengibre. Servir caliente.

Pescado frito rebozado

Para 4 personas

ingredientes

1 kg de rape, pelado y fileteado

½ cucharadita de cúrcuma

Sal al gusto

125 g/4½ oz de judías verdes*

3 cucharadas de pan rallado

½ cucharadita de chile en polvo

½ cucharadita de pimienta negra molida

1 chile verde, finamente picado

1 cucharadita de semillas de ajowan

3 cucharadas de hojas de cilantro picadas

500 ml/16 onzas líquidas de agua

Aceite vegetal refinado para freír.

Método

- Marina el pescado con cúrcuma y sal durante 30 minutos.

- Mezcle los demás ingredientes, excepto el aceite, hasta formar una masa.

- Calienta el aceite en el sarten. Sumerja el pescado marinado en la masa y fríalo a fuego medio hasta que se dore.

- Escurrir sobre papel absorbente y servir caliente.

El pescado hierve

(Pescado al estilo de Goa)

Para 4 personas

ingredientes

3 cucharadas de aceite vegetal refinado

3 cebollas grandes, finamente picadas

6 chiles verdes, cortados a lo largo

750 g/1 libra 10 oz de lubina fileteada, picada

1 cucharadita de comino molido

1 cucharadita de cúrcuma

1 cucharadita de pasta de jengibre

1 cucharadita de pasta de ajo

360 ml/12 onzas líquidas de leche de coco

2 cucharaditas de pasta de tamarindo

Sal al gusto

Método

- Calentar el aceite en una cacerola. Agrega las cebollas y sofríe a fuego lento hasta que estén doradas.

- Agregue los chiles verdes, el pescado, el comino molido, la cúrcuma, la pasta de jengibre, la pasta de ajo y la leche de coco. Mezclar bien y cocinar a fuego lento durante 10 minutos.

- Agrega la pasta de tamarindo y la sal. Mezclar bien y cocinar a fuego lento durante 15 minutos. Servir caliente.

Curry de gambas y huevo

Para 4 personas

ingredientes

3 cucharadas de aceite vegetal refinado

2 dientes

2,5 cm/1 pulgada de canela

6 granos de pimienta negra

2 hojas de laurel

1 cebolla grande, finamente picada

½ cucharadita de cúrcuma

1 cucharadita de pasta de jengibre

1 cucharadita de pasta de ajo

1 cucharadita de garam masala

12 langostinos grandes, pelados y desvenados

Sal al gusto

200 g/7 oz de pasta de tomate

120 ml/4 onzas líquidas de agua

4 huevos duros, cortados por la mitad a lo largo

Método

- Calentar el aceite en una cacerola. Agrega los clavos, la canela, los granos de pimienta y las hojas de laurel. Déjalos escupir durante 15 segundos.

- Agrega el resto de los ingredientes, excepto el puré de tomate, el agua y los huevos. Freír durante 6-7 minutos a fuego medio. Agrega el puré de tomate y el agua. Cocine a fuego lento durante 10-12 minutos.

- Agrega con cuidado los huevos. Cocine a fuego lento durante 4-5 minutos. Servir caliente.

mole de pescado

(Pescado cocinado en curry simple básico)

Para 4 personas

ingredientes

2 cucharadas de mantequilla clarificada

1 cebolla pequeña, finamente picada

4 dientes de ajo, finamente picados

1 pulgada de raíz de jengibre, finamente picada

6 chiles verdes, cortados a lo largo

1 cucharadita de cúrcuma

Sal al gusto

750ml/1¼ litro de leche de coco

1 kg/2¼ lb de lubina, sin piel y fileteada

Método

- Calienta el ghee en una sartén. Agrega la cebolla, el ajo, el jengibre y los chiles. Freír durante 2 minutos a fuego lento. Agrega la cúrcuma. Cocine durante 3-4 minutos.

- Agrega la sal, la leche de coco y el pescado. Mezclar bien y cocinar a fuego lento durante 15-20 minutos. Servir caliente.

bharta de gambas

(Camarones cocinados en la clásica salsa india)

Para 4 personas

ingredientes

100 ml de aceite de mostaza

1 cucharadita de semillas de comino

1 cebolla grande, rallada

1 cucharadita de cúrcuma

1 cucharadita de garam masala

2 cucharaditas de pasta de jengibre

2 cucharaditas de pasta de ajo

2 tomates, finamente picados

3 chiles verdes, cortados a lo largo

750 g/1 lb 10 oz de langostinos, pelados y desvenados

250 ml/8 onzas líquidas de agua

Sal al gusto

Método

- Calentar el aceite en una cacerola. Agrega las semillas de comino. Déjalos escupir durante 15 segundos. Agrega la cebolla y dórala a fuego medio.

- Agrega todos los demás ingredientes. Cocine a fuego lento durante 15 minutos y sirva caliente.

Pescado y verduras picantes

Para 4 personas

ingredientes

2 cucharadas de aceite de mostaza

500 g/1 lb 2 oz de lenguado al limón, pelado y fileteado

¼ cucharadita de semillas de mostaza

¼ de cucharadita de semillas de hinojo

¼ de cucharadita de semillas de fenogreco

¼ cucharadita de semillas de comino

2 hojas de laurel

½ cucharadita de cúrcuma

2 chiles rojos secos, cortados por la mitad

1 cebolla grande, finamente picada

200 g de verduras mixtas congeladas

360 ml/12 onzas líquidas de agua

Sal al gusto

Método

- Calentar el aceite en una cacerola. Agrega el pescado y sofríe a fuego medio hasta que esté dorado. Date la vuelta y repite. Escurrir y reservar.

- Al mismo aceite añade mostaza, hinojo, semillas de fenogreco y comino, hojas de laurel, cúrcuma y chiles rojos. Cocine por 30 segundos.

- Agrega la cebolla. Freír durante 1 minuto a fuego medio. Agrega los demás ingredientes y el pescado frito. Cocine a fuego lento durante 30 minutos y sirva caliente.

chuleta de caballa

Para 4 personas

ingredientes

4 caballa grande, limpia

Sal al gusto

½ cucharadita de cúrcuma

2 cucharaditas de vinagre de malta

250 ml/8 onzas líquidas de agua

1 cucharada de aceite vegetal refinado y extra para freír

2 cebollas grandes, finamente picadas

1 cucharadita de pasta de jengibre

1 cucharadita de pasta de ajo

1 tomate, finamente picado

1 cucharadita de pimienta negra molida

1 huevo batido

10 g de hojas de cilantro picadas

3 rebanadas de pan, remojadas y prensadas

60 g/2 oz de harina de arroz

Método

- Cuece la caballa en una sartén con la sal, la cúrcuma, el vinagre y el agua a fuego medio durante 15 minutos. Deshuesar y triturar. Poner a un lado.

- Calienta 1 cucharada de aceite en una cacerola. Freír las cebollas a fuego lento hasta que estén doradas.

- Agrega la pasta de jengibre, la pasta de ajo y el tomate. Saltee durante 4-5 minutos.

- Agrega sal y pimienta y retira del fuego. Mezclar con el puré de pescado, el huevo, las hojas de cilantro y el pan. Amasar y formar 8 chuletas.

- Calienta el aceite en el sarten. Sumerge las chuletas en harina de arroz y fríelas durante 4-5 minutos a fuego medio. Date la vuelta y repite. Servir caliente.

cangrejo tandoori

Para 4 personas

ingredientes

2 cucharaditas de pasta de jengibre

2 cucharaditas de pasta de ajo

2 cucharaditas de garam masala

1 cucharada de jugo de limón

125 g de yogur griego

Sal al gusto

4 cangrejos, limpios

1 cucharada de aceite vegetal refinado

Método

- Mezclar todos los ingredientes excepto los cangrejos y el aceite. Marina los cangrejos con esta mezcla durante 3-4 horas.
- Unte el cangrejo marinado con aceite. Ase durante 10-15 minutos. Servir caliente.

Pescado relleno

Para 4 personas

ingredientes

2 cucharadas de aceite vegetal refinado y extra para freír poco profundo

1 cebolla grande, finamente picada

1 tomate grande, finamente picado

1 cucharadita de pasta de jengibre

1 cucharadita de pasta de ajo

1 cucharadita de cilantro molido

1 cucharadita de comino molido

Sal al gusto

1 cucharadita de cúrcuma

2 cucharadas de vinagre de malta

1 kg/2¼ lb de salmón, marcado en la panza

25 g de pan rallado/escaneo de 1 oz

Método

- Calienta 2 cucharadas de aceite en una sartén. Agrega la cebolla y dórala a fuego lento. Añade el resto de ingredientes, excepto el vinagre, el pescado y el pan rallado. Saltee durante 5 minutos.
- Agrega el vinagre. Cocine a fuego lento durante 5 minutos. Rellena el pescado con la mezcla.
- Calentar el resto del aceite en una sartén. Enrollar el pescado en pan rallado y freír a fuego medio hasta que esté dorado. Date la vuelta y repite. Servir caliente.

Curry de gambas y coliflor

Para 4 personas

ingredientes

10 cucharadas de aceite vegetal refinado

1 cebolla grande, finamente picada

¾ cucharadita de cúrcuma

250 g de gambas peladas y desvenadas

200 g de floretes de coliflor

Sal al gusto

Para la mezcla de especias:

1 cucharada de semillas de cilantro

1 cucharada de garam masala

5 pimientos rojos

2,5 cm/1 pulgada de raíz de jengibre

8 dientes de ajo

60 g/2 oz de coco fresco

Método

- Calienta la mitad del aceite en una sartén. Agrega los ingredientes de la mezcla de especias y cocina a fuego medio durante 5 minutos. Muele hasta obtener una pasta espesa. Poner a un lado.
- Calienta el aceite restante en una cacerola. Saltee la cebolla a fuego medio hasta que esté transparente. Agrega todos los demás ingredientes y la pasta de especias.
- Cocine a fuego lento durante 15 a 20 minutos, revolviendo ocasionalmente. Servir caliente.

Mejillones salteados en una sartén

Para 4 personas

ingredientes

500 g de mejillones limpios

6 cucharadas de aceite vegetal refinado

2 cebollas grandes, finamente picadas

1 cucharadita de cúrcuma

1 cucharadita de garam masala

2 cucharaditas de pasta de jengibre

2 cucharaditas de pasta de ajo

10 g de hojas de cilantro picadas

6 cocos*

Sal al gusto

250 ml/8 onzas líquidas de agua

Método

- Cocer los mejillones al vapor durante 25 minutos. Poner a un lado.
- Calentar el aceite en una cacerola. Freír las cebollas a fuego lento hasta que estén doradas.
- Agrega el resto de los ingredientes, excepto el agua. Cocine durante 5-6 minutos.
- Agrega los mejillones al vapor y el agua. Cubra con una tapa y cocine a fuego lento durante 10 minutos. Servir caliente.

Gambas fritas rebozadas

Para 4 personas

ingredientes

250 g de gambas peladas

250 g/9 oz de judías verdes*

2 chiles verdes, finamente picados

1 cucharadita de chile en polvo

1 cucharadita de cúrcuma

1 cucharadita de cilantro molido

1 cucharadita de comino molido

½ cucharadita de amchoor*

1 cebolla pequeña, rallada

¼ cucharadita de bicarbonato de sodio

Sal al gusto

Aceite vegetal refinado para freír.

Método

- Mezcle todos los ingredientes, excepto el aceite, con suficiente agua para formar una masa espesa.
- Calienta el aceite en el sarten. Agrega unas cucharadas de masa y fríe a fuego medio hasta que estén doradas por todos lados.
- Repita con la masa restante. Servir caliente.

Caballa en salsa de tomate

Para 4 personas

ingredientes

1 cucharada de aceite vegetal refinado

2 cebollas grandes, finamente picadas

2 tomates, finamente picados

1 cucharada de pasta de jengibre

1 cucharada de pasta de ajo

1 cucharadita de chile en polvo

½ cucharadita de cúrcuma

8 cocos secos*

2 chiles verdes, rebanados

Sal al gusto

4 caballas grandes, peladas y fileteadas

120 ml/4 onzas líquidas de agua

Método
- Calentar el aceite en una cacerola. Saltee las cebollas a fuego medio hasta que estén doradas. Agregue todos los demás ingredientes excepto el pescado y el agua. Mezclar bien y freír durante 5-6 minutos.
- Agrega el pescado y el agua. Mezclar bien. Cocine a fuego lento durante 15 minutos y sirva caliente.

Konju Ullaruathu

(Langostinos con masala roja)

Para 4 personas

ingredientes

120 ml/4 fl oz de aceite vegetal refinado

1 cebolla grande, finamente picada

5 cm de raíz de jengibre finamente picada

12 dientes de ajo, finamente picados

2 cucharadas de chiles verdes, finamente picados

8 hojas de curry

2 tomates, finamente picados

1 cucharadita de cúrcuma

2 cucharaditas de cilantro molido

1 cucharadita de hinojo molido

600 g/1 lb 5 oz de gambas, sin cáscara y peladas

3 cucharaditas de chile en polvo

Sal al gusto

1 cucharadita de garam masala

Método

- Calentar el aceite en una cacerola. Agrega la cebolla, el jengibre, el ajo, los chiles verdes y las hojas de curry y cocina a fuego medio durante 1-2 minutos.
- Agrega todos los demás ingredientes, excepto el garam masala. Mezclar bien y cocinar a fuego lento durante 15-20 minutos.
- Espolvorea con garam masala y sirve caliente.

Curry Manga Chemeen

(curry de gambas y mango verde)

Para 4 personas

ingredientes

200 g/7 oz de coco fresco, rallado

1 cucharada de chile en polvo

2 cebollas grandes, finamente picadas

3 cucharadas de aceite vegetal refinado

2 chiles verdes, finamente picados

2,5 cm/1 pulgada de raíz de jengibre, en rodajas finas

Sal al gusto

1 cucharadita de cúrcuma

1 mango pequeño verde, cortado en cubitos

120 ml/4 onzas líquidas de agua

750 g/1 lb 10 oz de langostinos tigre, pelados y sin cáscara

1 cucharadita de semillas de mostaza

10 hojas de curry

2 pimientos rojos enteros

4-5 chalotes, picados

Método

- Muele el coco, el chile en polvo y la mitad de la cebolla. Poner a un lado.
- Calienta la mitad del aceite en una sartén. Saltee las cebollas restantes con los chiles verdes, el jengibre, la sal y la cúrcuma a fuego lento durante 3-4 minutos.
- Agrega la pasta de coco, el mango verde y el agua. Cocine a fuego lento durante 8 minutos.
- Agrega los camarones. Cocine a fuego lento durante 10-12 minutos y reserve.
- Calienta el aceite restante. Agrega las semillas de mostaza, las hojas de curry, los chiles y las chalotas. Cocine por un minuto. Agrega esta mezcla a los camarones y sirve caliente.

Salteado De Machchi Simple

(Pescado frito con hierbas aromáticas)

Para 4 personas

ingredientes

8 filetes de pescado blanco firme como el bacalao

¾ cucharadita de cúrcuma

½ cucharadita de chile en polvo

1 cucharadita de jugo de limón

250 ml/8 fl oz de aceite vegetal refinado

2 cucharadas de harina blanca

Método

- Marina el pescado con la cúrcuma, el chile en polvo y el jugo de limón durante 1 hora.
- Calienta el aceite en el sarten. Cubrir el pescado con harina y sofreír a fuego medio durante 3-4 minutos. Voltee y cocine por 2-3 minutos. Servir caliente.

macher kalia

(Pescado en rica salsa)

Para 4 personas

ingredientes

1 cucharadita de semillas de cilantro

2 cucharaditas de semillas de comino

1 cucharadita de chile en polvo

2,5 cm/1 pulgada de raíz de jengibre, pelada

250 ml/8 onzas líquidas de agua

120 ml/4 fl oz de aceite vegetal refinado

Filetes de trucha 500g/1lb 2oz, sin piel

3 hojas de laurel

1 cebolla grande, finamente picada

4 dientes de ajo, finamente picados

4 chiles verdes, rebanados

Sal al gusto

1 cucharadita de cúrcuma

2 cucharadas de yogur

Método

- Muele las semillas de cilantro, las semillas de comino, el chile en polvo y el jengibre con suficiente agua hasta formar una pasta espesa. Poner a un lado.
- Calentar el aceite en una cacerola. Agrega el pescado y cocina a fuego medio durante 3-4 minutos. Date la vuelta y repite. Escurrir y reservar.
- En el mismo aceite agrega las hojas de laurel, la cebolla, el ajo y los chiles verdes. Freír durante 2 minutos. Agrega el resto de ingredientes, el pescado frito y la pasta. Mezclar bien y cocinar a fuego lento durante 15 minutos. Servir caliente.

Pescado frito en huevo

Para 4 personas

ingredientes

500 g/1 lb 2 oz de San Pedro, sin piel y fileteados

Jugo de 1 limón

Sal al gusto

2 huevos

1 cucharada de harina blanca

½ cucharadita de pimienta negra molida

1 cucharadita de chile en polvo

250 ml/8 fl oz de aceite vegetal refinado

100 g/3 oz de pan rallado

Método

- Marinar el pescado con jugo de limón y sal durante 4 horas.
- Batir los huevos con la harina, la pimienta y la guindilla en polvo.
- Calienta el aceite en el sarten. Sumergir el pescado marinado en la mezcla de huevo, enrollarlo en pan rallado y freír a fuego lento hasta que se dore. Servir caliente.

Lau Chingri

(gambas con calabaza)

Para 4 personas

ingredientes

250 g de gambas peladas

500 g/1 libra 2 oz de calabaza, cortada en cubitos

2 cucharadas de aceite de mostaza

¼ cucharadita de semillas de comino

1 hoja de laurel

½ cucharadita de cúrcuma

1 cucharada de cilantro molido

¼ cucharadita de azúcar

1 cucharada de leche

Sal al gusto

Método

- Cocer al vapor las gambas y la calabaza durante 15-20 minutos. Poner a un lado.
- Calentar el aceite en una cacerola. Agrega las semillas de comino y la hoja de laurel. Cocine por 15 segundos. Agrega la cúrcuma y el cilantro molido. Freír durante 2-3 minutos a fuego medio. Añadimos el azúcar, la leche, la sal y las gambas y la calabaza al vapor. Cocine a fuego lento durante 10 minutos. Servir caliente.

Pescado Tomate

Para 4 personas

ingredientes

2 cucharadas de harina blanca

1 cucharadita de pimienta negra molida

500 g/1 lb 2 oz de lenguado al limón, pelado y fileteado

3 cucharadas de mantequilla

2 hojas de laurel

1 cebolla pequeña, rallada

6 dientes de ajo, finamente picados

2 cucharaditas de jugo de limón

6 cucharadas de caldo de pescado

150 g de puré de tomate

Sal al gusto

Método

- Mezclar la harina y la pimienta. Sumerge el pescado en la mezcla.
- Calienta la mantequilla en una sartén. Freír el pescado a fuego medio hasta que esté dorado. Escurrir y reservar.
- En la misma mantequilla sofreír las hojas de laurel, la cebolla y el ajo a fuego medio durante 2-3 minutos. Agrega el pescado frito y todos los demás ingredientes. Mezclar bien y cocinar a fuego lento durante 20 minutos. Servir caliente.

Chingri Machher Kalia

(Rico curry de gambas)

Para 4 personas

ingredientes

24 langostinos grandes, pelados y desvenados

½ cucharadita de cúrcuma

Sal al gusto

250 ml/8 onzas líquidas de agua

3 cucharadas de aceite de mostaza

2 cebollas grandes, finamente ralladas

6 chiles rojos secos, molidos

2 cucharadas de hojas de cilantro, finamente picadas

Método

- Cuece las gambas con la cúrcuma, la sal y el agua en un cazo a fuego medio durante 20-25 minutos. Poner a un lado. No tires el agua.
- Calentar el aceite en una cacerola. Agrega las cebollas y los pimientos rojos y cocina a fuego medio durante 2-3 minutos.
- Añade las gambas cocidas y el agua reservada. Mezclar bien y cocinar a fuego lento durante 20-25 minutos. Adorne con hojas de cilantro. Servir caliente.

Kebab de pescado tikka

Para 4 personas

ingredientes

1 cucharada de vinagre de malta

1 cucharada de yogur

1 cucharadita de pasta de jengibre

1 cucharadita de pasta de ajo

2 chiles verdes, finamente picados

1 cucharadita de garam masala

1 cucharadita de comino molido

1 cucharadita de chile en polvo

Un toque de colorante alimentario naranja

Sal al gusto

675 g/1½ lb de rape, sin piel y fileteado

Método

- Mezclar todos los ingredientes, excepto el pescado. Marina el pescado con esta mezcla durante 3 horas.
- Coloque el pescado marinado en brochetas y cocine a la parrilla durante 20 minutos. Servir caliente.

Chuleta Chingri Machher

(chuletas de camarones)

Para 4 personas

ingredientes

12 langostinos, pelados y eviscerados

Sal al gusto

500 ml/16 onzas líquidas de agua

4 chiles verdes, finamente picados

2 cucharadas de pasta de ajo

50 g de hojas de cilantro picadas

1 cucharadita de comino molido

Una pizca de cúrcuma

Aceite vegetal refinado para freír.

1 huevo batido

4 cucharadas de pan rallado

Método

- Cuece las gambas con sal y agua en una cacerola a fuego medio durante 20 minutos. Escurrir y triturar con todos los demás ingredientes, excepto el aceite, el huevo y el pan rallado.
- Divida la mezcla en 8 porciones, forme bolitas y aplánelas para formar chuletas.
- Calienta el aceite en el sarten. Pasar las chuletas por huevo, rebozarlas en pan rallado y freírlas a fuego medio hasta que estén doradas. Servir caliente.

Pescado cocinado

Para 4 personas

ingredientes

500 g/1 lb 2 oz de filetes de lenguado al limón o pargo, sin piel

Sal al gusto

1 cucharadita de pimienta negra molida

¼ de cucharadita de chiles rojos secos, finamente picados

2 pimientos verdes grandes, finamente picados

2 tomates, rebanados

1 cebolla grande, picada

Jugo de 1 limón

3 chiles verdes, cortados a lo largo

10 dientes de ajo, finamente picados

1 cucharada de aceite de oliva

Método

- Coloca los filetes de pescado en una bandeja para horno y espolvorea con sal, pimienta y pimienta.
- Divida los ingredientes restantes sobre esta mezcla.
- Tapar la fuente y cocinar en el horno a 200°C (400°F, marca de gas 6) durante 15 minutos. Tape y cocine por 10 minutos. Servir caliente.

Camarones Con Pimientos Verdes

Para 4 personas

ingredientes

4 cucharadas de aceite vegetal refinado

2 cebollas grandes, finamente picadas

5 cm de raíz de jengibre finamente picada

12 dientes de ajo, finamente picados

4 chiles verdes, cortados a lo largo

½ cucharadita de cúrcuma

2 tomates, finamente picados

500g/1lb 2oz de langostinos, pelados y desvenados

3 pimientos verdes, sin corazón y en rodajas

Sal al gusto

1 cucharada de hojas de cilantro, finamente picadas

Método

- Calentar el aceite en una cacerola. Agrega las cebollas, el jengibre, el ajo y los chiles verdes. Freír a fuego lento durante 1-2 minutos. Agrega el resto de los ingredientes, excepto las hojas de cilantro. Mezclar bien y cocinar por 15 minutos.
- Adorne con hojas de cilantro. Servir caliente.

Machher Jhole

(pescado en salsa)

Para 4 personas

ingredientes

500 g/1 lb 2 oz de trucha, pelada y fileteada

1 cucharadita de cúrcuma

Sal al gusto

4 cucharadas de aceite de mostaza

3 pimientos rojos secos

1 cucharadita de garam masala

1 cebolla grande, rallada

2 cucharaditas de pasta de jengibre

1 cucharadita de mostaza molida

1 cucharadita de cilantro molido

250 ml/8 onzas líquidas de agua

1 cucharada de hojas de cilantro, finamente picadas

Método

- Marina el pescado con cúrcuma y sal durante 30 minutos.
- Calienta el aceite en el sarten. Freír el pescado marinado a fuego medio durante 2-3 minutos. Date la vuelta y repite. Poner a un lado.
- En el mismo aceite, sofreír las guindillas y el garam masala a fuego medio durante 1-2 minutos. Agrega el resto de los ingredientes, excepto las hojas de cilantro. Mezclar bien y cocinar a fuego lento durante 10 minutos. Agrega el pescado y mezcla bien.
- Cocine a fuego lento durante 10 minutos. Espolvorea con hojas de cilantro y sirve caliente.

macher paturi

(Pescado al vapor en hojas de plátano)

Para 4 personas

ingredientes

5 cucharadas de semillas de mostaza

5 chiles verdes

1 cucharadita de cúrcuma

1 cucharadita de chile en polvo

1 cucharada de aceite de mostaza

½ cucharadita de semillas de hinojo

2 cucharadas de hojas de cilantro, finamente picadas

½ cucharadita de azúcar

Sal al gusto

750 g/1 lb 10 oz de trucha, pelada y fileteada

Hojas de plátano 20 × 15 cm/8 × 6 pulgadas, lavadas

Método

- Muele todos los ingredientes, excepto el pescado y las hojas de plátano, hasta obtener una pasta suave. Marina el pescado con esta pasta durante 30 minutos.
- Envuelva el pescado en hojas de plátano y cocine al vapor en una vaporera durante 20-25 minutos. Desenvolver con cuidado y servir caliente.

Chingri Machher Shorsher Jhole

(Curry de gambas y mostaza)

Para 4 personas

ingredientes

6 pimientos rojos secos

½ cucharadita de cúrcuma

3 cucharaditas de semillas de comino

1 cucharada de semillas de mostaza

12 dientes de ajo

2 cebollas grandes

Sal al gusto

24 langostinos, pelados y eviscerados

3 cucharadas de aceite de mostaza

500 ml/16 onzas líquidas de agua

Método

- Muele todos los ingredientes, excepto los camarones, el aceite y el agua, hasta obtener una pasta suave. Marinar las gambas con esta pasta durante 1 hora.
- Calentar el aceite en una cacerola. Agrega las gambas y cocina a fuego medio durante 4-5 minutos.
- Agrega el agua. Mezclar bien y cocinar a fuego lento durante 20 minutos. Servir caliente.

Curry de gambas y patatas

Para 4 personas

ingredientes

3 cucharadas de aceite vegetal refinado

2 cebollas grandes, finamente picadas

3 tomates, finamente picados

1 cucharadita de pasta de ajo

1 cucharadita de chile en polvo

½ cucharadita de cúrcuma

1 cucharadita de garam masala

250 g de gambas peladas y desvenadas

2 patatas grandes, cortadas en cubitos

250 ml/8 onzas líquidas de agua caliente

1 cucharadita de jugo de limón

10 g de hojas de cilantro picadas

Sal al gusto

Método

- Calentar el aceite en una cacerola. Freír las cebollas a fuego lento hasta que estén doradas.
- Agrega los tomates, la pasta de ajo, el chile en polvo, la cúrcuma y el garam masala. Saltee durante 4-5 minutos. Agrega los demás ingredientes. Mezclar bien.
- Cocine a fuego lento durante 20 minutos y sirva caliente.

mole de camaron

(Camarones cocinados en un curry simple)

Para 4 personas

ingredientes

3 cucharadas de aceite vegetal refinado

2 cebollas grandes, finamente picadas

2,5 cm de raíz de jengibre cortada en juliana

8 dientes de ajo, picados

4 chiles verdes, cortados a lo largo

375 g de gambas peladas y desvenadas

3 tomates, finamente picados

1 cucharadita de cúrcuma

½ cucharadita de chile en polvo

Sal al gusto

750ml/1¼ litro de leche de coco

Método

- Calentar el aceite en una cacerola. Agrega la cebolla, el jengibre, el ajo y los chiles verdes y cocina a fuego medio durante 1-2 minutos.
- Añade las gambas, los tomates, la cúrcuma, la guindilla en polvo y la sal. Cocine durante 5-6 minutos. Agrega la leche de coco. Mezclar bien y cocinar a fuego lento durante 10-12 minutos. Servir caliente.

koliwada de pescado

(pescado frito picante)

Para 4 personas

ingredientes

675 g/1½ lb de rape, sin piel y fileteado

Sal al gusto

1 cucharadita de jugo de limón

250 g/9 oz de judías verdes*

3 cucharadas de harina

1 cucharadita de cúrcuma

2 cucharaditas de chaat masala*

1 cucharadita de garam masala

2 cucharadas de hojas de cilantro, finamente picadas

1 cucharada de vinagre de malta

1 cucharadita de chile en polvo

4 cucharadas de agua

Aceite vegetal refinado para freír.

Método

- Marina el pescado con sal y jugo de limón durante 2 horas.
- Mezcle todos los demás ingredientes, excepto el aceite, hasta obtener una masa espesa.
- Calienta el aceite en el sarten. Cubrir generosamente el pescado con la masa y freír a fuego medio hasta que esté dorado. Escurrir y servir caliente.

Rollito de pescado y patatas

Para 4 personas

ingredientes

675 g/1½ lb de lenguado al limón, sin piel y fileteado

Sal al gusto

¼ de cucharadita de cúrcuma

1 papa grande, cocida

2 cucharaditas de jugo de limón

2 cucharadas de cilantro, finamente picado

2 cebollas pequeñas, finamente picadas

1 cucharadita de garam masala

2-3 chiles verdes pequeños

½ cucharadita de chile en polvo

Aceite vegetal refinado para freír.

2 huevos batidos

6-7 cucharadas de pan rallado

Método

- Cocer el pescado al vapor durante 15 minutos.
- Escurrir y mezclar con el resto de ingredientes, excepto el aceite, los huevos y el pan rallado. Amasar y dividir en 8 panecillos de 6 cm de grosor.
- Calienta el aceite en el sarten. Mojar los rollitos en huevo, rebozarlos en pan rallado y freírlos a fuego medio hasta que estén dorados. Escurrir y servir caliente.

masala de gambas

Para 4 personas

ingredientes

4 cucharadas de aceite vegetal refinado

3 cebollas, 1 picada y 2 picadas

2 cucharaditas de semillas de cilantro

3 dientes

2,5 cm/1 pulgada de canela

5 granos de pimienta

100 g de coco fresco rallado

6 pimientos rojos secos

500g/1lb 2oz de langostinos, pelados y desvenados

½ cucharadita de cúrcuma

250 ml/8 onzas líquidas de agua

2 cucharaditas de pasta de tamarindo

Sal al gusto

Método

- Calienta 1 cucharada de aceite en una sartén. Saltee la cebolla en rodajas, las semillas de cilantro, el clavo, la canela, los granos de pimienta, el coco y los chiles rojos a fuego medio durante 2-3 minutos. Muele hasta obtener una pasta suave. Poner a un lado.
- Calienta el aceite restante en una cacerola. Agrega las cebollas picadas y dóralas a fuego medio. Añade las gambas, la cúrcuma y el agua. Mezclar bien y cocinar a fuego lento durante 5 minutos.
- Agrega la pasta molida, la pasta de tamarindo y la sal. Sofría durante 15 minutos. Servir caliente.

pescado con ajo

Para 4 personas

ingredientes

500 g/1 libra 2 oz de pez espada, pelado y fileteado

Sal al gusto

1 cucharadita de cúrcuma

1 cucharada de aceite vegetal refinado

2 cebollas grandes, finamente ralladas

2 cucharaditas de pasta de ajo

½ cucharadita de pasta de jengibre

1 cucharadita de cilantro molido

Puré de tomate 125g/4½oz

Método

- Marina el pescado con sal y cúrcuma durante 30 minutos.
- Calentar el aceite en una cacerola. Agrega la cebolla, la pasta de ajo, la pasta de jengibre y el cilantro molido. Freír durante 2 minutos a fuego medio.
- Agrega el puré de tomate y el pescado. Cocine a fuego lento durante 15-20 minutos. Servir caliente.

Arroz De Patata

Para 4 personas

ingredientes

150 g/5½ oz de ghee y extra para freír

1 cebolla grande

2,5 cm/1 pulgada de raíz de jengibre

6 dientes de ajo

125 g de yogur batido

4 cucharadas de leche

2 vainas de cardamomo verde

2 dientes

1 cm/(en canela)

250 g de arroz basmati, remojado durante 30 minutos y escurrido

Sal al gusto

1 litro/1¾ litro de agua

15 anacardos fritos

Para los ñoquis:

3 patatas grandes, hervidas y trituradas

125 g/4½ oz de judías verdes*

½ cucharadita de chile en polvo

½ cucharadita de cúrcuma

1 cucharadita de garam masala en polvo

1 cebolla grande, rallada

Método

- Mezclar todos los ingredientes para los ñoquis. Divida la mezcla en bolitas.
- Calentar ghee para freír en una sartén. Agrega los ñoquis y fríe a fuego medio hasta que estén dorados. Escurrirlas y reservarlas.
- Muele la cebolla, el jengibre y el ajo hasta formar una pasta.
- Calentar 60 g de ghee en una sartén. Agrega la pasta y cocina a fuego medio hasta que esté transparente.
- Agrega el yogurt, la leche y los ñoquis de papa. Cocine a fuego lento la mezcla durante 10-12 minutos. Poner a un lado.
- Calienta el ghee restante en otra sartén. Agrega cardamomo, clavo, canela, arroz, sal y agua. Cubra con una tapa y cocine a fuego lento durante 15-20 minutos.
- Coloca la mezcla de arroz y papas en capas alternas en una fuente refractaria. Terminar con una capa de arroz. Adorne con anacardos.
- Cocine el arroz y las patatas en el horno a 200°C (400°F, marca de gas 6) durante 7-8 minutos. Servir caliente.

Pula vegetal

Para 4 personas

ingredientes

5 cucharadas de aceite vegetal refinado

2 dientes

2 vainas de cardamomo verde

4 granos de pimienta negra

2,5 cm/1 pulgada de canela

1 cebolla grande, finamente picada

1 cucharadita de pasta de jengibre

1 cucharadita de pasta de ajo

2 chiles verdes, finamente picados

1 cucharadita de garam masala

150 g de verduras mixtas (judías verdes, patatas, zanahorias, etc.)

500 g/1 lb 2 oz de arroz de grano largo, remojado durante 30 minutos y escurrido

Sal al gusto

600ml/1 litro de agua caliente

Método

- Calentar el aceite en una cacerola. Agrega los clavos, el cardamomo, los granos de pimienta y la canela. Déjalos escupir durante 15 segundos.
- Agrega la cebolla y cocina a fuego medio durante 2-3 minutos, revolviendo ocasionalmente.
- Agregue la pasta de jengibre, la pasta de ajo, los chiles verdes y el garam masala. Mezclar bien. Freír esta mezcla por un minuto.
- Agrega las verduras y el arroz. Fríe el pulao durante 4 minutos a fuego medio.
- Agrega la sal y el agua. Mezclar bien. Cocine por un minuto a fuego medio.
- Cubra con una tapa y cocine a fuego lento durante 10-12 minutos. Servir caliente.

Kachche Gosht ki Biryani

(Cordero Biryani)

Sirve 4-6

ingredientes

1 kg de cordero, cortado en trozos de 5 cm

1 litro/1¾ litro de agua

Sal al gusto

6 dientes

5 cm/2 pulgadas de canela

5 vainas de cardamomo verde

4 hojas de laurel

6 granos de pimienta negra

750 g/1 lb 10 oz de arroz basmati, remojado 30 minutos y escurrido

150 g de mantequilla clarificada

Una pizca de azafrán disuelta en 1 cucharada de leche

5 cebollas grandes, cortadas en rodajas y fritas

Para la marinada:

200 g de yogur

1 cucharadita de cúrcuma

1 cucharadita de chile en polvo

1 cucharadita de pasta de jengibre

1 cucharadita de pasta de ajo

1 cucharadita de sal

25 g/escaneo 1 oz de hojas de cilantro, finamente picadas

25 g 1 oz de hojas de menta, finamente picadas

Método

- Mezclar todos los ingredientes de la marinada y marinar los trozos de cordero con esta mezcla durante 4 horas.
- En un cazo mezcla el agua con la sal, el clavo, la canela, el cardamomo, las hojas de laurel y los granos de pimienta. Cocine a fuego medio durante 5-6 minutos.
- Agrega el arroz escurrido. Cocine durante 5-7 minutos. Escurre el exceso de agua y reserva el arroz.
- Vierta la mantequilla clarificada en una fuente para horno grande y coloque encima la carne marinada. Coloca el arroz sobre la carne.
- Espolvorea la capa superior con leche de azafrán y un poco de ghee.
- Cierra la sartén con papel de aluminio y cúbrela con una tapa.

- Cocine a fuego lento durante 40 minutos.
- Retirar del fuego y dejar reposar otros 30 minutos.
- Adorne el biryani con cebolla. Servir a temperatura ambiente.

Achari Gosht ki Biryani

(Biryani de cordero en escabeche)

Sirve 4-6

ingredientes

4 cebollas medianas, finamente picadas

400 g de yogur

2 cucharaditas de pasta de jengibre

2 cucharaditas de pasta de ajo

1 kg/2¼ lb de cordero, cortado en trozos de 5 cm/2 pulgadas

2 cucharaditas de semillas de comino

2 cucharaditas de semillas de fenogreco

1 cucharadita de semillas de cebolla

2 cucharaditas de semillas de mostaza

10 chiles verdes

6½ cucharadas de ghee

50 g de hojas de menta finamente picadas

100 g de hojas de cilantro finamente picadas

2 tomates, en cuartos

750 g/1 lb 10 oz de arroz basmati, remojado 30 minutos y escurrido

Sal al gusto

3 dientes

2 hojas de laurel

5 cm/2 pulgadas de canela

4 granos de pimienta negra

Una pizca grande de azafrán, disuelta en 1 cucharada de leche

Método

- Mezclar las cebollas, el yogur, la pasta de jengibre y la pasta de ajo. Marinar el cordero con esta mezcla durante 30 minutos.
- Ase juntos el comino, el fenogreco, la cebolla y las semillas de mostaza. Tritúrelos hasta obtener una mezcla gruesa.
- Corta los chiles verdes por la mitad y rellénalos con la mezcla picada. Poner a un lado.
- Calienta 6 cucharadas de ghee en una sartén. Agrega las ovejas. Saltear el cordero a fuego medio durante 20 minutos. Asegúrese de que todos los lados de los trozos de cordero estén dorados uniformemente.
- Agrega los chiles verdes rellenos. Continúe cocinando por otros 10 minutos.
- Agrega las hojas de menta, las hojas de cilantro y los tomates. Mezclar bien durante 5 minutos. Poner a un lado.
- Mezclar el arroz con sal, clavo, laurel, canela y pimienta en grano. Pre-hervir la mezcla. Poner a un lado.
- Vierta el ghee restante en una fuente para horno.

- Coloque los trozos de cordero frito encima del ghee. Coloque el arroz sancochado en una capa encima del cordero.
- Vierte la leche de azafrán sobre el arroz.
- Cierra el plato con papel de aluminio y cúbrelo con una tapa. Cocine el biryani en un horno precalentado a 200 °C (400 °F, marca de gas 6) durante 8 a 10 minutos.
- Servir caliente.

Yakhni Pulao

(Cachemira Pulao)

Para 4 personas

ingredientes

600 g/1 libra de cordero, cortado en trozos de 2,5 cm/1 pulgada

2 hojas de laurel

10 granos de pimienta negra

Sal al gusto

1,7 litros/3 pintas de agua caliente

5 cucharadas de aceite vegetal refinado

4 dientes

3 vainas de cardamomo verde

2,5 cm/1 pulgada de canela

1 cucharada de pasta de ajo

1 cucharada de pasta de jengibre

3 cebollas grandes, finamente picadas

500 g/1 lb 2 oz de arroz basmati, remojado durante 30 minutos y escurrido

1 cucharadita de comino molido

2 cucharaditas de cilantro molido

200 g de yogur batido

1 cucharadita de garam masala

60 g de cebollas cortadas en rodajas y fritas

4-5 pasas fritas

½ pepino, rebanado

1 tomate, rebanado

1 huevo, duro y rebanado

1 pimiento verde, rebanado

Método

- Agrega el cordero, las hojas de laurel, los granos de pimienta y la sal al agua. Hervir esta mezcla en una cacerola a fuego medio durante 20-25 minutos.
- Escurrir la mezcla de cordero y reservar. Reserva de existencias.
- Calentar el aceite en una cacerola. Agrega los clavos, el cardamomo y la canela. Déjalos escupir durante 15 segundos.
- Agregue la pasta de ajo, la pasta de jengibre y la cebolla. Dorarlos a fuego medio.
- Agrega la mezcla de cordero. Freír durante 4-5 minutos, revolviendo con frecuencia.
- Agrega el arroz, el comino, el cilantro, el yogur, el garam masala y la sal. Mezclar ligeramente.
- Agregue el caldo de cordero junto con suficiente agua caliente para que esté 1 pulgada por encima del nivel del arroz.
- Cocine a fuego lento el pulao durante 10-12 minutos.

- Adorne con aros de cebolla, pasas, pepino, tomate, huevo y pimiento verde. Servir caliente.

Hyderabadi Biryani

Para 4 personas

ingredientes

1 kg/2¼ lb de cordero, cortado en trozos de 3,5 cm/1½ pulgada

2 cucharaditas de pasta de jengibre

2 cucharaditas de pasta de ajo

Sal al gusto

6 cucharadas de aceite vegetal refinado

Yogur 500g/1lb 2oz

2 litros/3½ pintas de agua

2 patatas grandes, peladas y cortadas en cuartos

750 g/1 libra 10 oz de arroz basmati, precocido

1 cucharada de ghee, calentado

Para la mezcla de especias:

4 cebollas grandes, en rodajas finas

3 dientes

2,5 cm/1 pulgada de canela

3 vainas de cardamomo verde

2 hojas de laurel

6 granos de pimienta

6 pimientos verdes

50 g de hojas de cilantro picadas

2 cucharaditas de jugo de limón

1 cucharada de comino molido

1 cucharadita de cúrcuma

1 cucharada de cilantro molido

Método

- Marinar el cordero con la pasta de jengibre, la pasta de ajo y la sal durante 2 horas.
- Mezcle todos los ingredientes de la mezcla de especias.
- Calentar el aceite en una cacerola. Agrega la mezcla de especias y cocina a fuego medio durante 5-7 minutos.
- Añade el yogur, el cordero marinado y 250 ml de agua. Cocine a fuego lento durante 15 a 20 minutos, revolviendo ocasionalmente.
- Agrega las patatas, el arroz y el agua restante. Cocine a fuego lento durante 15 minutos.
- Vierta el ghee sobre el arroz y cúbralo bien con una tapa.
- Cocine a fuego lento hasta que el arroz esté cocido. Servir caliente.

Biryani vegetal

Para 4 personas

ingredientes

4 cucharadas de aceite vegetal refinado

2 cebollas grandes, en rodajas finas

1 cucharada de pasta de jengibre

1 cucharada de pasta de ajo

6 granos de pimienta

2 hojas de laurel

3 vainas de cardamomo verde

2,5 cm/1 pulgada de canela

3 dientes

1 cucharadita de cúrcuma

1 cucharada de cilantro molido

6 chiles rojos, molidos

50 g/1¾ oz de coco fresco rallado

200 g de verduras mixtas congeladas

2 rodajas de piña, finamente picadas

10-12 anacardos

200 g de yogur

Sal al gusto

750 g/1 libra 10 oz de arroz basmati, precocido

Una pizca de colorante alimentario amarillo

4 cucharaditas de mantequilla clarificada

1 cucharada de comino molido

3 cucharadas de hojas de cilantro, finamente picadas

Método

- Calentar el aceite en una cacerola. Agrega todas las cebollas, la pasta de jengibre y la pasta de ajo. Saltee la mezcla a fuego medio hasta que las cebollas se vuelvan traslúcidas.
- Agregue los granos de pimienta, las hojas de laurel, el cardamomo, la canela, el clavo, la cúrcuma, el cilantro molido, los chiles rojos y el coco. Mezclar bien. Freír durante 2-3 minutos, revolviendo de vez en cuando.
- Agrega las verduras, la piña y los anacardos. Freír la mezcla durante 4-5 minutos.
- Agrega el yogur. Mezclar bien por un minuto.
- Divida el arroz en una capa sobre la mezcla de verduras y espolvoree con el colorante.
- Calienta el ghee en otra sartén pequeña. Agrega el comino molido. Déjelo crepitar durante 15 segundos.
- Viértelo directamente sobre el arroz.
- Cubrir con una tapa y asegurarse de que no se escape vapor. Cocine a fuego lento durante 10-15 minutos.
- Adorne con hojas de cilantro. Servir caliente.

Repollo moti ki biryani

(Biryani de gramo negro entero)

Para 4 personas

ingredientes

500 g/1 lb 2 oz de arroz basmati, remojado durante 30 minutos y escurrido

500 ml de leche

1 cucharadita de garam masala

500 ml/16 onzas líquidas de agua

Sal al gusto

75 g/2½ onzas de mantequilla clarificada

2 cucharaditas de pasta de jengibre

2 cucharaditas de pasta de ajo

3 chiles verdes, cortados a lo largo

6 patatas grandes, peladas y cortadas en cuartos

2 tomates, finamente picados

½ cucharadita de chile en polvo

⅓ cucharadita: cúrcuma

200 g de yogur

300 g de frijoles urad*, cocido

1 cucharadita de azafrán remojado en 60 ml de leche

25 g/escaneo 1 oz de hojas de cilantro, finamente picadas

10 g de hojas de menta finamente picadas

2 cebollas grandes, picadas y fritas

3 vainas de cardamomo verde

5 dientes

2,5 cm/1 pulgada de canela

1 hoja de laurel

Método

- Cuece el arroz con la leche, el garam masala, el agua y la sal en un cazo a fuego medio durante 7-8 minutos. Poner a un lado.
- Calentar la mantequilla clarificada en una fuente para horno. Agrega la pasta de jengibre y la pasta de ajo. Sofreír durante un minuto a fuego medio.
- Agregue los chiles verdes y las papas. Freír la mezcla durante 3-4 minutos.
- Agrega los tomates, el chile en polvo y la cúrcuma. Mezclar bien. Freír durante 2-3 minutos, revolviendo con frecuencia.
- Agrega el yogur. Mezclar bien durante 2-3 minutos.
- Agrega los frijoles urad. Cocine a fuego lento durante 7-10 minutos.

- Espolvorea los frijoles con hojas de cilantro, hojas de menta, cebolla, cardamomo, clavo, canela y hojas de laurel.
- Divida el arroz cocido uniformemente sobre la mezcla de frijoles. Vierte la leche de azafrán sobre el arroz.
- Cerrar con papel de aluminio y cubrir con una tapa.
- Hornea el biryani en el horno a 200 °C (400 °F, marca de gas 6) durante 15 a 20 minutos. Servir caliente.

Carne picada y Masoor Pulao

(Lentejas Rojas Picadas y Enteras con Arroz Pilau)

Para 4 personas

ingredientes

6 cucharadas de aceite vegetal refinado

2 dientes

2 vainas de cardamomo verde

6 granos de pimienta negra

2 hojas de laurel

2,5 cm/1 pulgada de canela

1 cucharadita de pasta de jengibre

1 cucharadita de pasta de ajo

1 cebolla grande, finamente picada

2 chiles verdes, finamente picados

1 cucharadita de chile en polvo

½ cucharadita de cúrcuma

2 cucharaditas de cilantro molido

1 cucharadita de comino molido

500 g/1 libra 2 oz de cordero picado

150 g/5½ oz de pasta entera*, remojado durante 30 minutos y escurrido

250 g de arroz de grano largo, remojado durante 30 minutos y escurrido

750ml/1¼ litro de agua caliente

Sal al gusto

10 g de hojas de cilantro finamente picadas

Método

- Calentar el aceite en una cacerola. Agregue los clavos, el cardamomo, los granos de pimienta, las hojas de laurel, la canela, la pasta de jengibre y la pasta de ajo. Fríe esta mezcla a fuego medio durante 2-3 minutos.
- Agrega la cebolla. Sofríe hasta que esté vidrioso.
- Agrega los chiles verdes. Cocine por un minuto.
- Agrega el chile en polvo, la cúrcuma, el cilantro molido y el comino. Mezclar durante 2 minutos.
- Agrega la carne picada, el masoor y el arroz. Freír bien a fuego medio durante 5 minutos, revolviendo de vez en cuando.
- Agrega el agua caliente y la sal.
- Cubra con una tapa y cocine a fuego lento durante 15 minutos.
- Adorna el pulao con hojas de cilantro. Servir caliente.

Pollo biryani

Para 4 personas

ingredientes

1 kg de pollo con piel y hueso, cortado en 8 trozos

6 cucharadas de aceite vegetal refinado

10 anacardos

10 pasas

500 g/1 lb 2 oz de arroz basmati, remojado durante 30 minutos y escurrido

3 dientes

2 hojas de laurel

5 cm/2 pulgadas de canela

4 granos de pimienta negra

Sal al gusto

4 cebollas grandes, finamente picadas

250 ml/8 onzas líquidas de agua

2½ cucharadas de ghee

Una buena pizca de azafrán disuelta en 1 cucharada de leche

Para la marinada:

1½ cucharaditas de pasta de ajo

1½ cucharadita de pasta de jengibre

3 chiles verdes, finamente picados

1 cucharadita de garam masala

1 cucharadita de pimienta negra molida

1 cucharada de cilantro molido

2 cucharaditas de comino molido

125 g de yogur

Método

- Mezcle todos los ingredientes de la marinada. Marina el pollo con esta mezcla durante 3-4 horas.
- Calienta 1 cucharada de aceite en una cacerola pequeña. Agrega los anacardos y las pasas. Dorar a fuego medio. Escurrir y reservar.
- Hervir previamente el arroz escurrido con los clavos, las hojas de laurel, la canela, los granos de pimienta y la sal. Poner a un lado.
- Calienta 3 cucharadas de aceite en una cacerola. Agrega los trozos de pollo y cocina a fuego medio durante 20 minutos, revolviendo ocasionalmente. Poner a un lado.
- Calienta el aceite restante en otra sartén. Agrega las cebollas y saltea a fuego medio.
- Agrega los trozos de pollo frito. Cocínalos por otros 5 minutos a fuego medio.
- Agregue agua y cocine a fuego lento hasta que el pollo esté cocido. Poner a un lado.
- Vierta 2 cucharadas de mantequilla clarificada en una fuente para horno. Agrega la mezcla de pollo. Extienda el arroz en una capa sobre el pollo.

- Vierta la leche de azafrán por encima y agregue el ghee restante.
- Cerrar con papel de aluminio y cubrir bien con una tapa.
- Hornee a 200°C (400°F, marca de gas 6) durante 8-10 minutos.
- Adorne con anacardos fritos y pasas. Servir caliente.